Gemeinde leiten – aber wie?

Ernst-Georg Gäde/Claudia Mennen

Gemeinde leiten – aber wie?

Werkbuch für
Pfarrgemeinderäte und Kirchenvorstände

Matthias-Grünewald-Verlag · Mainz

Illustrationen: Tim Sylvester Weiffenbach, für Rat Design, Frankfurt
Abbildung S. 144: © Sieger Köder, Das Mahl mit den Sündern (Ausschnitt)

Der Matthias-Grünewald-Verlag
ist Mitglied der Verlagsgruppe
engagement

Die Deutsche Bibliothek – CIP-Einheitsaufnahme

Gäde, Ernst-Georg:
Gemeinde leiten – aber wie?: Werkbuch für Pfarrgemeinderäte und Kirchenvorstände/ Ernst-Georg Gäde/Claudia Mennen. [Ill.: Sylvester Weiffenbach]. – Mainz: Matthias-Grünewald-Verl., 1995
ISBN 3-7867-1815-6
NE: Mennen, Claudia:

Umschlag: Harald Schneider-Reckels und Iris Momtahen
Druck und Bindung: Kösel, Kempten

Inhalt

Vorwort

Schon vor geraumer Zeit hatten der Pfarrgemeinderat von Neudorf und der Kirchenvorstand von Altenstadt entschieden, im kommenden Sommer ein gemeinsames, ein ökumenisches Gemeindefest zu veranstalten. Die beiden Dörfer liegen nur wenige Kilometer auseinander. Es wurde ein gemeinsamer Festausschuß gegründet, dem sechs Personen angehören, drei aus Neudorf, drei aus Altenstadt. Die Federführung liegt bei der evangelischen Pfarrerin, Frau Dr. Berger. Diese lädt dann zu einer ersten Sitzung ein. Wegen einer anderen, nicht zu verschiebenden Verpflichtung, ist ihr katholischer Amtskollege verhindert. In einer ersten Runde überschlagen die Ausschußmitglieder die Kosten des Gemeindefestes.
Pfarrgemeinderatsmitglied Schneider schließt diese Runde damit ab, daß er mitteilt, er werde den Verwaltungsrat seiner Gemeinde über die notwendigen Ausgaben informieren und einen entsprechenden Beschluß herbeiführen lassen. „Wie bitte?" schaltet sich da Kirchenvorsteherin Albert ein, „können Sie das denn nicht im Pfarrgemeinderat entscheiden?" „Nein, nein, dafür ist der Verwaltungsrat zuständig", erläuterte darauf Herr Schneider. „Wissen Sie, der Verwaltungsrat hat die ganzen Finanzfragen zu klären, er ist für Bausachen zuständig, für die Liegenschaften, für Vermietung und Sanierung der gemeindlichen Gebäude. Sie kennen das ja." „Ach so, das ist bei uns ja ganz anders", erwidert Kirchenvorsteher Meyer, „das macht bei uns der Kirchenvorstand, auch wenn wir natürlich einen Finanzausschuß haben, aber letztlich entscheidet der Kirchenvorstand auch in diesen Fragen." Frau Albert wird ganz ungeduldig: „Ja, und was macht dann der Pfarrgemeinderat?" Frau Knöbel von der katholischen Gemeinde erläutert es ihr: „Wir kümmern uns um die Pastoral, also um die gesamte Gemeindearbeit, wir beraten unseren Herrn Pfarrer ...". „Sie beraten ihn nur?" wirft Herr Meyer kopfschüttelnd ein. Darauf Frau Knöbel: „Na ja, strenggenommen. Faktisch sieht das schon so aus, daß wir auch gemeinsam Entscheidungen treffen. Aber gegen den Willen unseres Pfarrers können wir nichts entscheiden." „Das ist mir jetzt aber neu", erwidert Herr Meyer, „ich habe gedacht, daß sie das gleiche machen wie wir auch, nur daß sie einen anderen Namen haben. Also, nur zu beraten, das wäre mir zu wenig. Als gewähltes Mitglied des Kirchenvorstandes will ich natürlich auch richtig entscheiden können." „Gewählt sind wir allerdings auch", fügt Herr Schneider an dieser Stelle ein. „Das ist mir klar, und wer hat bei Ihnen den Vorsitz?" fragt jetzt Frau Albert. „Ich bin der Vorsitzende des Pfarrgemeinderates", antwortet Herr Schneider und ergänzt, „der Pfarrer aber ist Vorsitzender des Verwaltungsrates. Und wie ist es bei Ihnen?" „Das bin ich", antwortet Frau Dr. Berger.

„Ich bin die Vorsitzende des Kirchenvorstandes, leider, muß ich ergänzen. Ich hätte es schöner gefunden, wenn das von einem gewählten Kirchenvorstandsmitglied übernommen worden wäre, aber es wollte keiner." Sie zuckt mit den Schultern. Herr Meyer ergreift nun das Wort: „Wenn ich Sie richtig verstehe, dann sind Sie, streng juristisch gesehen, nur ein beratendes Gremium, in der Praxis aber entscheiden Sie dann doch." Frau Knöbel und Herr Schneider nicken. „Dann haben Sie es letztlich," fährt Herr Meyer fort, „doch mit den gleichen Sachen zu tun wie wir auch: Ideen für die Gemeindearbeit entwickeln, Planungen, dann die Frage der Zusammenarbeit mit den ganzen Ehrenamtlichen ... In meinem Betrieb würde man sagen, wir sind für das Management zuständig". „Genau so ist es", stellt Frau Knöbel fest. „Ich denke, wir sollten wieder zu unserem Gemeindefest zurückkommen", greift Pfarrerin Berger ein, „es wäre aber sicher für alle, also für Ihren Pfarrgemeinderat und unseren Kirchenvorstand, ganz reizvoll, wenn wir uns mal zusammensetzen und gemeinsam unsere Leitungsaufgaben betrachten. Ich glaube, daß wir viel voneinander lernen können."

Soweit diese fiktive Sitzung. Sie macht deutlich, daß die Strukturen der katholischen und der evangelischen Kirche unterschiedlich sind. Hinzu kommen schließlich noch nationale und regionale Eigenheiten, auch wieder mit jeweils eigenen Begrifflichkeiten. Aber deutlich wird auch, daß es viele Gemeinsamkeiten gibt.
Unsere langjährige Berufspraxis in den Gemeinden, in der Fortbildungsarbeit der beiden Kirchen und unsere gemeinsame Tätigkeit in der Gemeindeberatung haben uns ermutigt, ein ökumenisches Werkbuch, ein ökumenisches Managementbuch, für alle die zu schreiben, die in ihren Gemeinden oder auch in übergemeindlichen Strukturen leitende Aufgaben innehaben. Es sind Zigtausende, die ehrenamtlich oder auch bezahlt, Leitungsaufgaben in der Kirche wahrnehmen. Das Engagement und der Wille ist oft groß, gut, effektiv und verantwortungsvoll zu leiten. Oft aber, so haben wir feststellen müssen, fehlen grundlegende Kenntnisse, die das „Leitungsgeschäft" erschweren. Das vorliegende Buch will hier Abhilfe schaffen.

Im Sommer 1994

Ernst-Georg Gäde
Claudia Mennen

1. Keine Angst vor Management!
Eine Geschichte aus dem Alten Testament

Mose würden sich sicher die Haare sträuben, würden wir ihn als Manager des Volkes Israel bezeichnen. Trotzdem hatte er Probleme zu lösen, die ein hohes Maß an Management erforderten. Ein ganzes Volk von einem Land in ein anderes zu führen, war eine kaum zu überbietende Management-Aufgabe! Der Auszug des Volkes Israel aus Ägypten war sicher *die* organisatorische Herausforderung für Mose (s. Kap. 11). Das Volk Israel hatte sich also auf den Weg gemacht, Ägypten liegt hinter ihm, vor ihm eine offene Zukunft. Zurück bleiben die vertrauten Strukturen des Pharaonenreiches, die das Volk Israel einerseits wohl unterdrückten, ihm zugleich aber auch Sicherheit und Orientierung gaben. Ängste und Unsicherheiten sind nun die Wegbegleiter, die kleinsten Schwierigkeiten können zum Scheitern des ganzen Unternehmens führen. Die Leute sind in dieser prekären Situation sehr empfindlich. Kein Wunder, daß es immer wieder zu Streitigkeiten kommt, zu Konflikten und Auseinandersetzungen. Alle sind aufeinander angewiesen, sie sind eine Notgemeinschaft, aber jeder hat so seine persönlichen Befürchtungen und Hoffnungen, seine ganz eigenen Ziele und Ängste. Unterwegs bekommt Mose nun Besuch von seinem Schwiegervater Jitro (Ex 18). Was hatten sie sich nicht alles zu erzählen! Bis tief in die Nacht hinein sitzen sie im Zelt des Mose zusammen. Am nächsten Morgen, so wie an vielen anderen Tagen auch, beginnt Mose sein Regierungs- und Verwaltungsgeschäft. Jitro schaut sich das an.

„Am folgenden Morgen setzte sich Mose, um für das Volk Recht zu sprechen. Die Leute mußten vor Mose vom Morgen bis zum Abend anstehen." (V 13)

Große und weitreichende Entscheidungen, kleine und nebensächliche – zu allem ist Mose gefordert (s. Kap. 5.4). Der Andrang ist groß. Nur unter Mühen kann Mose mal eine kurze Mittagspause machen, um schnell einen Happen zu essen. Unverzüglich geht es dann weiter. Er muß sich sehr konzentrieren und gut zuhören, nichts nimmt er auf die leichte Schulter, alle nimmt er ernst. Anstrengend! Wenn es an solchen Verwaltungstagen hoch hergeht, dann ist Mose am Abend völlig ausgelaugt. Nach seinem Abendgebet schläft er sofort ein. Mose steht absolut im Mittelpunkt, die Regierungs- und Verwaltungstätigkeit wird von ihm ganz allein ausgeübt. Wir haben es hier mit einer patriarchalischen Organisationsform in Reinkultur zu tun. Die *gesamte* Verantwortung liegt bei einem, *alle* Entscheidungen werden durch einen allein getroffen (s. Kap. 3 und 10).

Jitro also steht dabei und beobachtet das bunte Treiben, das Kommen und Gehen, das Stimmengewirr, mal ist es lauter, mal wieder etwas leiser, die streitenden Parteien ereifern sich (s. Kap. 9), und Mose sitzt auf seinem mit einem Schaffell bezogenen Hocker vor dem Zelt. Er hört geduldig zu, schaut alle an, nickt mit dem Kopf, wenn ihm etwas einleuchtet, wiegt den Kopf skeptisch, wenn er Zweifel hat, manchmal verdreht er kaum merklich die Augen, wenn er es zum x-ten Mal mit ein und demselben zu tun hat. Dann wird es stiller; Mose denkt nach und entscheidet. Er gibt sich Mühe, gerecht und ausgleichend zu sein, aber immer wieder erntet er natürlich auch Widerspruch. Dann kann es vorkommen, daß er mit einer unwirschen Handbewegung die Sache abschließt. Weiter, weiter ...

„Als der Schwiegervater des Mose sah, was er alles für das Volk zu tun hatte, sagte er: Was soll das, was du da für das Volk tust? Warum sitzt du hier allein, und die vielen Leute müssen vom Morgen bis zum Abend vor dir anstehen?" (V14)

Jitro ist sicher stolz auf seinen Schwiegersohn, ein Mann der Geschichte macht! Was der in Bewegung gesetzt hat, das muß ihm erst mal einer nachmachen. Sein kritischer Blick wird davon aber nicht getrübt. Plötzlich steht er auf, wendet sich an die Wartenden und sagt: „Jetzt ist mal für einen Augenblick Pause. Ich muß mit Mose etwas besprechen." Irritiert schaut Mose zu ihm auf. „Komm, Mose, wir gehen mal ins Zelt. – Also Mose, merkst du nicht, wie uneffektiv du arbeitest. Weil du alles alleine machst, dauert alles so wahnsinnig lange. Ein irrer Zeitverlust! Da stehen sich die Leute die Beine in den Bauch – sie könnten in der Zeit, in der sie hier anstehen, sicher Sinnvolleres tun." Kybernetisch betrachtet nimmt Jitro eine Ist-Analyse vor, eine Schwachstellenanalyse. Er zeigt ein Problem auf, benennt es ganz genau (s. Kap. 5.1). Mose stutzt, er brummt in seinen Bart „Hmm ja, ja. Du hast ja recht." Mose holt dann etwas weiter aus.

„Mose antwortete seinem Schwiegervater: Die Leute kommen zu mir, um Gott zu befragen. Wenn sie einen Streitfall haben, kommen sie zu mir. Ich entscheide dann ihren Fall und teile ihnen die Gesetze und Weisungen Gottes mit." (VV15, 16)

Jitro nickt: „Das ist mir klar. Du übst deine Leitung durch Kontrolle aus [management by control, s. Kap. 5.8] und durch Anordnungen und Entscheidungen [management by direction, s. Kap. 5.4]. Das ist auch deine Aufgabe. Daß du dabei auf die Gesetze und Weisungen Gottes zurückgreifst, ist selbstverständlich." Gesetze und Verwaltungsordnungen sind der Rahmen, in dem Mose seine Regierungstätigkeit wahrnimmt. Daß er sie den Leuten mitteilt, macht deutlich, daß er nicht willkürlich, nicht nach persönlichem Gutdünken entscheidet. Das schließt immer wieder notwendige Auslegungen und Interpretationen nicht aus. Mose fährt fort, indem er Jitro eine ganze Reihe von Beispielen aus seiner täglichen Verwaltungspraxis erzählt. Während Mose spricht, schüttelt Jitro seinen Kopf, rutscht auf seinem Hocker unruhig hin und her, er zieht die Augenbrauen hoch.

„Da sagte der Schwiegervater zu Mose: Es ist nicht richtig, wie du das machst." (V 17)

Jitro fällt an dieser Stelle ein Urteil, er bewertet die Arbeitsweise seines Schwiegersohnes. „Ja, wieso denn?" fragt Mose verdutzt, „so mache ich das schon die ganze Zeit, und es ging doch." „Mein Lieber", entgegnet darauf Jitro, „daß du das die ganze Zeit so gemacht hast, ist noch lange kein Grund, daß das richtig ist. Du bist betriebsblind. Ich sag das nicht einfach so; ich habe meine Gründe dafür."

„So richtest du dich selbst zugrunde und auch das Volk, das bei dir ist. Das ist zu schwer für dich; allein kannst du es nicht bewältigen." (V 18)

Jitro sagt Mose klipp und klar, daß er mit seinen Kräften Raubbau treibt. „Du hast mir doch gestern abend erzählt, wie fix und fertig du jeden Abend bist. Das geht an die Substanz, das ist doch klar. Außerdem wage ich zu behaupten, daß du auch schon Entscheidungen gefällt hast, die nicht gerade optimal waren. Irgendwann läßt deine Konzentration nach, irgendwann reicht es dir schlicht und einfach. Dann fehlt dir die Geduld, um zu abgewogenen Urteilen zu kommen. Und das wirkt sich schädlich auf das Volk aus." Mose schaut nachdenklich drein, er atmet tief durch. Das hat ihm noch keiner gesagt. Er denkt sich: Du hast ja recht. Und dann kommt Jitro zu seinem entscheidenden Gedanken: „Du kannst das alles nicht allein bewältigen. Du mußt das alles völlig neu organisieren" (s. Kap. 5.3). Mose: „Wie das?" „Meine Idee ist, daß du einen Teil deiner Aufgaben abgibst. Die Leitung bleibt bei dir, du bist die Autorität für das Volk. Aber mußt du alles selbst ausführen? Mußt du dich um jede Kleinigkeit kümmern, mußt du jede Entscheidung treffen? Ich denke, nein. Ich will versuchen, dir meine Vorstellung genauer zu erklären."

„Nun hör zu, ich will dir einen Rat geben, und Gott wird mit dir sein. Vertritt du das Volk vor Gott! Bring ihre Rechtsfälle vor ihn ..." (V 19)

Jitro schlüpft, um es mit einem Begriff aus der Organisationsberatung zu bezeichnen, in die Rolle des externen Beraters [management by consultation]. Mose hat ihn nicht, wie man das heute machen würde, angefordert; Jitro nimmt sich das Recht als enger Verwandter des Mose heraus. Der Externe, der Außenstehende, kann manche Dinge besser sehen als diejenigen, die in einem System, in einer Organisation befangen sind. Aus diesem Grunde holen sich Organisationen, seien es Verwaltungen, Kirchenvorstände, Pfarrgemeinderäte oder auch Unternehmen, immer wieder externe Beraterinnen und Berater, um sich durch die Anregungen von außen weiterentwickeln zu können.
Der Rat, den Jitro seinem Schwiegersohn gibt, heißt: Differenziere deine Rolle aus. Sei nicht für alles zuständig, kümmere dich nur um bestimmte Aufgaben. Er empfiehlt ihm, sich auf die Rolle des Repräsentanten des Volkes Israel vor Gott zu beschränken. In dieser Mittlerfunktion ist er zugleich der Vertreter Gottes, er hat göttliche Prokura. Und weiter schlägt er ihm vor:

„... unterrichte sie in den Gesetzen und Weisungen, und lehre sie, wie sie leben und was sie tun sollen." (V 20)

Es reicht nicht aus, so belehrt Jitro Mose, daß er, Mose, allein die Gesetze und Weisungen Gottes kennt. Viel wirkungsvoller ist es, wenn alle Mitglieder des

Volkes Israel über ein entsprechendes Wissen verfügen, wenn sie die damit verbundenen Entscheidungskriterien für ihr (Zusammen-) Leben verinnerlicht haben [management by decision rules/management by information; s. Kap. 4.3 und 5.6]. Mose würde damit auch vermitteln, wie und wozu die Menschen leben sollen. Sie könnten auf diese Weise erwachsener und selbständiger werden. Die Steuerung des Großsystems „Volk Israel" bliebe bei Mose, die Steuerung der Subsysteme (einzelne oder Familienverbände) wäre eben diesen übertragen [management by systems]. Und schließlich: Wenn Mose den Menschen die aus den göttlichen Gesetzen und Weisungen resultierenden Ziele vermittelt und diese die Ziele in ihr persönliches Leben und Verhalten übersetzen, dann führt er durch Zielvereinbarung [management by objectives, s. Kap. 4.3 und 5.2].
„Das ist ja alles schön und gut", wendet da Mose ein, „aber ich bin mit der ganzen Rechtsprechung derart ausgelastet, daß ich zu dieser Leitungstätigkeit kaum kommen kann."
Was muß Mose tun, um zu einer echten Arbeitsentlastung zu kommen, die ihm Raum und Zeit für die skizzierten Leitungsaufgaben lassen? Auch darauf weiß Jitro eine Antwort:

„Du aber sieh dich im ganzen Volk nach tüchtigen, gottesfürchtigen und zuverlässigen Männern um, die Bestechung ablehnen. Gib dem Volk Vorsteher für je tausend, hundert, fünfzig und zehn!" (V 21)

Zunächst muß Mose etwas tun, er muß Zeit investieren: Die Arbeitsentlastung kommt nicht sofort. Jitro macht ihm den Vorschlag, sich Mitarbeiter zu suchen, die einem bestimmten Anforderungsprofil genügen (s. Kap. 6). So etwas dauert seine Zeit. Es kann nicht jeder genommen werden, Personalauslese ist eine verantwortungsvolle und manchmal auch schwierige Angelegenheit. Gut ist es, wenn man möglichst genau weiß, was und wen man will (s. Kap. 5.9).
Der „externe Berater" Jitro entwirft dann das Modell einer pyramidalen Organisationshierarchie. Die kleinste Einheit, die einen Vorsteher hat, soll zehn Personen umfassen [= „span of control"]. Darüber baut sich dann das „lower", „middle" und „upper" Management auf. An der Spitze steht eine Führungsperson – hier Mose – die die Gesamtkontrolle über die Organisation hat, ohne daß sie selbst zu viele Leute anzuleiten und zu beaufsichtigen hätte.
Bedächtig nickt Mose: „Ja, das ist keine schlechte Idee. Allerdings die richtigen Leute zu finden, hmm, nicht so einfach. Manch einer würde solch einen Posten vielleicht gerne übernehmen, auch wenn er dafür nicht geeignet ist." (s. Kap. 5.9). „Laß dich davon nicht irritieren, Mose. Denk' genau darüber nach, verlaß dich auf deine Menschenkenntnis." Mose fährt weiter fort: „Also gut, und sollen

die Vorsteher jetzt alles entscheiden? Was hätte ich in dem Bereich dann noch zu tun?“ – „Du mußt ihnen eine klar definierte Aufgabe und klar umrissene Befugnisse einräumen (s. Kap. 4.3 und 5.5). Nur so funktioniert das. Was hältst du von folgender Aufgabenteilung?“:

„Sie sollen dem Volk jederzeit als Richter zur Verfügung stehen. Alle wichtigen Fälle sollen sie vor dich bringen, die leichteren sollen sie selber entscheiden. Entlaste dich, und laß auch andere Verantwortung tragen.“ (V 22)

„Ja, das ist es!“ Mose lächelt. „Daß ich nicht selbst darauf gekommen bin!? Ich gebe also einen Teil meiner richterlichen Kompetenzen ab [management by delegation, s. Kap. 5.5], auch die Verantwortung für die leichteren Fälle.“ „Genau so ist es“, erwidert Jitro. „Für Grundsatzentscheidungen bleibst du nach wie vor zuständig, Entscheidungen mit weitreichenden Konsequenzen liegen bei dir. Natürlich gibt es da eine gewisse Grauzone. Wo ist die Grenze? Ich denke, das wird sich einspielen. Wenn einer der Vorsteher seine Befugnisse mißbrauchen sollte, muß er auch die Verantwortung dafür tragen, er kann dann zur Rechenschaft gezogen werden. Das ist ein gutes Korrektiv.“ Noch immer ist Mose ganz begeistert: „Das ist ja eine echte Arbeitsentlastung! Ich kann mich den wahren Leitungsaufgaben widmen, und den ganzen Kleinkram, zum Beispiel diese lästigen Diebstähle von Ziegen und Schafen, wäre ich los.“ „Du bindest die Vorsteher in die Verantwortung mit ein [management by participation], die Gesamtverantwortung liegt weiter in deinen Händen. Deshalb ist die rechte Auswahl der Vorsteher jetzt so wichtig. Nach meiner Einschätzung“, ergänzt Jitro, „wird es so laufen“:

„Wenn du das tust, sofern Gott zustimmt, bleibst du der Aufgabe gewachsen, und die Leute hier können alle zufrieden heimgehen.“ (V 23)

Das von Jitro formulierte Ziel und seinen methodischen Vorschlag soll Mose zunächst noch mit Gott abstimmen. Die Erneuerung, die Innovation des Regierungs- und Verwaltungssystems soll also sehr bewußt und kritisch vorgenommen werden. Überstürztes Handeln, um ein erkanntes Problem zu lösen, ist falsch (s. Kap. 5.4). Allerdings ist Jitro sicher, daß Mose damit einen für ihn kräfteschonenden und für die Sache effektiven Weg gehen würde, der für alle Seiten zu einer befriedigenden Lösung führt. Mose hat sich überzeugen lassen, denn

„Mose hörte auf seinen Schwiegervater und tat alles, was er vorschlug.“(V 24)

Mose ist ein tatkräftiger Mensch, was ihm einleuchtet, setzt er auch um. In der Sprache der Organisationsberatung nimmt Mose eine „Institutionalisierung“ vor. In den folgenden Versen wird berichtet, daß er ganz genau die von Jitro vorgeschlagenen Schritte ausführt. Er sucht und findet „tüchtige Männer ... und setzte sie als Hauptleute über das Volk ein.“ (V 25) Damit verfügt er jetzt über ein motiviertes und engagiertes mittleres Management, das mit großer Freude tätig wird. Während der Aufbauphase ist Jitro noch sein Gast. Mose wird sich sicherlich ab und zu bei ihm noch Rat geholt haben. Danach „verabschiedete (Mose) seinen Schwiegervater, und dieser kehrte in sein Land zurück.“ (V 27)

Soweit diese alte Geschichte zur Reform eines uneffektiven Regierungs- und Verwaltungssystems. Die Analyse, vorgenommen mit Begriffen der modernen Managementtheorie (vgl. dazu auch Stroebe Führungsstile), zeigt, daß viele Grundsätze und Prinzipien aus der heutigen Managementlehre bereits damals in Ansätzen bekannt waren und genutzt wurden. Das geschah natürlich nicht so systematisch wie heute, aber doch sehr bewußt und zielorientiert, also: Mut zum Management auch in Gemeinden, Mut zur Gemeindeentwicklung (s. das letzte Kapitel)!

2. Kirche als Organisation
Eine ungewohnte Sichtweise

Pfarrgemeinderäte und Kirchenvorstände haben viele Mitglieder, die in Unternehmen und in der Wirtschaft tätig sind. Die Erfahrungen, die diese Frauen und Männer aus ihrem Berufsleben in die Gemeindeleitung einbringen, sind oft bereichernd und anregend. Aber dann gibt es auch immer wieder Reibungspunkte. Wenn ein ehrenamtlicher Vorsitzender, der vielleicht einen metallverarbeitenden Betrieb leitet, nach den Ergebnissen der in der Gemeinde pädagogisch Tätigen fragt, dann kann es schon schwierig werden, vor allem, wenn er fragt: „Was ist denn eigentlich der Output Eurer Arbeit?“ Oder wenn eine freie Unternehmerin die Sitzungen, so wie sie es gewohnt ist („Zeit ist Geld“), straff und ergebnisorientiert zu leiten versucht, dann kann das Widerstände auslösen. In solchen Situationen wird deutlich, daß hier zwei Welten aufeinanderprallen, die ihre je eigenen Gesetzlichkeiten haben.

Konnte vor fast 20 Jahren noch geschrieben werden: „Die Erforschung der Kirchengemeinde als Organisation steht in der Bundesrepublik noch am Anfang“ (Adam, S. 60), so hat sich das mittlerweile etwas verändert. Damals gab es beispielsweise folgende Fragen, die nicht beantwortet werden konnten: „Was sind in Schulen, Kirchen, Verbänden usw. rationale Verfahrensweisen?“ oder „Können auch solche Organisationen fest umgrenzte und vorgegebene Ziele haben?“ Neuere Untersuchungen betrachten Kirche, Verbände und Vereine als Nonprofit-Organisationen und fragen nach den spezifischen Eigenheiten. Dadurch sind neue Antworten auf diese Fragen möglich. Wir wollen Sie in diesem Kapitel mit einigen wichtigen Einsichten vertraut machen.
Wir denken, daß es für die gemeindeleitenden Gremien und Personen hilfreich ist, sich klar zu machen, was wesentliche Merkmale der Kirche unter Nonprofit-Organisationsaspekten sind. Es erleichtert das kirchliche, gemeindliche Management, wenn die Eigentümlichkeiten bewußter werden. Dazu wählen wir den Weg der Gegenüberstellung: Einerseits also Profit-Organisationen, andererseits Nonprofit-Organisationen.

Daß die Kirchen keine Einrichtungen sind, die sich auf „Organisation als soziales Gebilde“ oder auf „Organisation als Verfahrensweise“ reduzieren lassen, macht das Kapitel über die Leitbilder (s. Kap. 10) deutlich. Die Arbeitsvollzüge einer Gemeinde stehen im größeren Zusammenhang ihres Selbstverständnisses, ihres Leitbildes, das das Wesen und die Aufgabe von Gemeinde beschreibt.

2.1 Von Haarkämmen und Seelsorge

Gemeinsames und Trennendes	
Unternehmen, Betriebe (Profit-Organisationen)	Kirche, Verbände, Vereine (Nonprofit-Organisationen)

In einer Profit-Organisation geht es, wie kann es anders sein, darum, einen Profit, einen Gewinn zu erwirtschaften, damit Menschen davon leben können. Damit stehen wirtschaftliche Aspekte im Vordergrund. Was produziert wird, Haarkämme, Seife oder Autos, ist gegenüber dem Zweck eines Unternehmens, einen Gewinn zu erwirtschaften, zweitrangig. Es geht also nicht um Inhalte, es geht nicht um „Botschaften". Das gilt sogar selbst dann, wenn „Botschaften" mitverkauft werden. Des Deutschen „liebstes Spielzeug", das Auto, steht mit seiner gefühlsmäßigen Bedeutung und seiner technischen Ästhetik etwa für „Freiheit", „Status", „Sozialprestige". Diese Eigenschaften werden unter Umständen auch gezielt gefördert, damit, und das ist der Kern der Sache, das Produkt seine Chancen auf dem Markt behält und gekauft wird. Hauptsache, die Kasse stimmt.

Nonprofit-Organisationen haben demgegenüber die Aufgabe, bestimmte Dienstleistungen zu erbringen; das kann Seelsorge, Therapie, Suchtberatung oder auch der Gesundheit dienende Sportangebote im Freizeitbereich sein. Es geht also um Sachziele, um Inhalte. Das ist Sinn und Zweck von Nonprofit-Organisationen. Sie nehmen die Bedürfnisse bestimmter Personengruppen auf und suchen sie zu befriedigen. Man spricht von „bedarfswirtschaftlichen Organisationen".

Wie werden nun die Ziele erreicht?

Es sind jeweils drei „Produktionsfaktoren", die zur Zielerreichung beitragen. In Unternehmen werden zunächst Finanzmittel (Aktienkapital, staatliche Fördermittel usw.) investiert. Hinzu kommt die auf dem Arbeitsmarkt aufgekaufte Arbeit (Angestellte, Arbeiter, Berater). Das nennt man auch den „Input". Der dritte Faktor ist die Unternehmer- bzw. Managerleistung, die dazu dient, den „Input" zielgerichtet in Produkte und Erzeugnisse („Output") zu verwandeln. Diese Arbeit wird dann als „Transformationsleistung" bezeichnet.

In einer Gemeinde geschieht dies im Prinzip genauso: Über Steuereinnahmen, Spenden und staatliche Zuschüsse wird der Finanzbedarf gedeckt. Die Arbeitsleistung wird von vielen ehrenamtlichen Mitarbeiterinnen und Mitarbeitern wie von Hauptamtlichen erbracht. Und schließlich gibt es in jeder Gemeinde wie auch auf den anderen kirchlichen Verwaltungsebenen Leitungsgremien, die eine Managementleistung erbringen, damit aus dem Zusammenspiel von Finanzen und Arbeitskraft zielgerichtet die gemeindlichen, kirchlichen Dienstleistungen erwachsen. Kirchenleitende Gremien erbringen also, genauso wie in der Wirtschaft, eine Transformationsleistung.

Die Adressaten	
Kunden, Verbraucher	Mitglieder, Klienten

Profit-Organisationen richten sich mit ihren Produkten an Kunden, Verbraucher, Leistungspartner, die gegen Geld bestimmte Güter kaufen. Profit-Organisationen, Unternehmen decken „den Fremdbedarf von Nachfragern auf Märkten" (Schwarz 1992, S. 25). Den Profit-Organisationen stehen also ihre Leistungspartner gegenüber. Ganz anders verhält es sich bei Nonprofit-Organisationen. Da Nonprofit-Organisationen in der Regel von Mitgliedern getragen werden, richten sich ihre Leistungen vor allem an diese selbst. Mitglieder und Leistungspartner sind folglich deckungsgleich (Identitätsprinzip). Bei den karitativen Nonprofit-Organisationen wie Caritas und Diakonisches Werk wird dieser beschränkte Kreis der Mitglieder allerdings überschritten, sie bieten ihre Leistungen auch Nicht-Mitgliedern an. In Altersheimen etwa leben nicht nur Menschen, die einer bestimmten Konfession angehören, in der Arbeit mit Obdachlosen wird selbstverständlich nicht nach der Religionszugehörigkeit gefragt. Während in Unternehmen die Leistungsabgabe dadurch gesteuert wird, daß der Kunde als der Leistungsempfänger dafür zahlen muß, ist bei Nonprofit-Organisationen festzustellen, daß viele Leistungen auch von Menschen in Anspruch genommen werden können, die kein Mitglied sind und folglich auch keine Mitgliedsbeiträge (Kirchensteuer, Spenden) zahlen. Schwarz spricht hier vom „Problem der Trittbrettfahrer", also der nichtzahlenden Nutznießer. Daß dieses Problem in den Gemeinden, nachdem die Finanzmittel knapper werden, immer bewußter wird, zeigt sich an den Diskussionen um die Kindergartenbeiträge. Sollen Eltern, die keiner Kirche angehören, für die aus kirchlichen Mitteln subventionierten Kindergartenplätze einen höheren Beitrag zahlen als die Kirchenmitglieder oder nicht? Da aber auch staatliche Zuschüsse in die Finanzierung kirchlicher Kindergärten eingehen, ist diese Frage so leicht nicht zu beantworten.

Der Markt	
Profit-Organisationen handeln auf Märkten	Nonprofit-Organisationen fehlen Märkte

Der Markt mit Angebot und Nachfrage ist das Handlungsfeld von Unternehmen; auch wenn etwa durch staatliche Steuerungseingriffe die Marktgesetze teilweise aufgehoben oder zumindest gemindert sind, so ändert das nichts am Prinzip der Marktorientierung. Profit-Organisationen beziehen sich folglich auf das Verhalten und die Entscheidungen von Kunden („Der Kunde ist König") und unterliegen damit einer wirtschaftlichen Konkurrenz gegenüber anderen im gleichen Sektor tätigen Unternehmen.
Dieser marktwirtschaftliche Steuerungsmechanismus fehlt bei Nonprofit-Organisationen. Welche Güter Nonprofit-Organisationen produzieren, wird durch die Mitglieder bestimmt bzw. durch die von den Mitgliedern gewählten Leitungsorgane. An die Stelle von marktwirtschaftlichen Überlegungen und marktwirtschaftlicher Rationalität bei Unternehmen treten in Nonprofit-Organisationen „politische" Entscheidungen über die angebotenen Leistungen. Allenfalls durch bestimmte Reaktionen der Mitglieder, wie Ein- und Austritte, werden indirekt mitgliedsgerechte Entscheidungen herbeigeführt.

Erfolgskontrolle	
Unternehmen verfügen über meßbare Erfolgskontrollen	Nonprofit-Organisationen können Erfolge kaum messen oder nachweisen

Profit-Organisationen greifen bei ihrer Erfolgskontrolle auf marktbestimmte Größen wie Gewinn, Umsatz und Marktanteile zurück. Geschäftsberichte weisen das in Zahlen aus. Ein am Markt orientiertes und entsprechend erfolgreiches Unternehmen wird durch Gewinn belohnt, ein Unternehmen, das unrentabel oder am Markt vorbei operiert, wird durch Gewinneinbußen und verringerten Marktanteil „bestraft". Der Markt honoriert wie sanktioniert.
Da Nonprofit-Organisationen kein quantifizierbares Ziel wie „Gewinn" haben, gibt es für sie auch keinen Indikator, keinen Maßstab für Erfolg (Effizienz).

Zahlenmäßig sind allenfalls nachweisbar z.B. Gottesdienst- und Abendmahlsteilnehmerlnnen, sind die Anzahl von seelsorgerlichen Gesprächen oder die von Klienten, die kirchliche Beratungsstellen aufsuchen. Diese Zahlen sagen aber nichts aus über den qualitativen Erfolg, um den es ja geht. Gottesdienste sollen glaubenvergewissernd und glaubenweckend sein, ob das erreicht wird, ist nicht überprüfbar. Was ein Seelsorgegespräch letztlich bewirkt, auch das bleibt offen. Ob eine Gesprächstherapie in einer Beratungsstelle dazu führt, daß ein Mensch sein Leben selbstverantwortlich zu gestalten lernt, entzieht sich einer objektiven Erfolgskontrolle. Therapeutische und diakonisch-caritative Einrichtungen haben es zusätzlich mit einer besonderen Ambivalenz zu tun. Einerseits sind sie als Hilfsorganisationen auf Hilfesuchende angewiesen, denn das ist ihre Existenzberechtigung, andererseits ist es ihr Ziel, die Zahl von Menschen in Notlagen zu verringern. Sie machen sich selbst tendenziell überflüssig.

Für kirchliche Einrichtungen kommt verschärfend hinzu, daß „Erfolg" ein theologisch suspekter Begriff ist, da er scheinbar einer verdächtigen Machbarkeitsideologie Vorschub leistet. Demgegenüber wird vom Prinzip der „Unverfügbarkeit" gesprochen, was theologisch seine Berechtigung hat. Wird das Argument der Unverfügbarkeit des geistlichen und persönlichen Wachstums aber dazu genutzt, jede Anstrengung zur Verbesserung kirchlicher Einrichtungen zu unterlaufen, dann werden vorsätzlich oder unwissentlich die Ebenen durcheinandergeworfen. „Erfolg" ist nur zu messen an einem vorgegebenen Ziel. Wird es erreicht oder nicht erreicht? In welchem Maße wird es erreicht, gerade so, gar nicht oder wird es sogar übertroffen? Das Ziel kirchlicher Arbeit besteht unter anderem darin, daß Menschen mit dem Evangelium vertraut gemacht werden und es in ihr Leben umsetzen. Solange Überlegungen zum Management in der Kirche nicht den theologischen Zielen und Werten zuwiderlaufen, sind sie allemal legitim.

So wie Unternehmen selbstverständlich Einsichten und Erkenntnisse, Methoden und Techniken der Managementlehre anwenden und auch beträchtliche Finanzmittel in Organisationsentwicklung, Personal- und Konfliktmanagement investieren, so sollten die Kirchen und die Gemeinden gemäß dem Wort aus dem 1. Thessalonicherbrief „Prüft alles, und behaltet das Gute" (5,21) dafür offen sein.

Organisationsform	
In Unternehmen gibt es nur Berufstätige	In Nonprofit-Organisationen gibt es Mitglieder, Ehrenamtliche und Funktionäre

Arbeit gegen Geld, das ist die grundlegende Austauschbeziehung in Unternehmen. Gegen Entlohnung wird Arbeitskraft, werden Wissen und Kompetenzen eingekauft, und das Ganze wird vertraglich geregelt. Das trifft auf Pförtner genauso zu wie auf Aufsichtsratsvorsitzende. Unternehmen verfügen nicht über Mitglieder und über keine ehrenamtlichen Mitarbeiter. So hoch differenziert die innere Struktur einer Profit-Organisation auch sein mag, sie ist andererseits auch wieder sehr homogen. Die Aufbauorganisation von Nonprofit-Organisationen ist dagegen weitaus vielfältiger und komplexer.
Da gibt es zunächst das Mitgliedersystem. In den Kirchen sind das die getauften Gemeindemitglieder. Die kleinste organisatorische Form, in denen sich Mitgliedschaft äußert, sind die Gemeinden. Von diesen ausgehend gibt es dann übergreifende Verwaltungseinheiten (Bezirke, Dekanate, Kirchenkreise usw.) bis hin zu einer wie auch immer gearteten kirchenleitenden Spitze.
Auf jeder Ebene gibt es Mitglieder, die ehrenamtlich, durch Wahl oder Delegation bestimmt, Leitungsfunktionen in der Organisation Kirche wahrnehmen (Vorstände). In der Schweiz wird dabei vom „Milizsystem" gesprochen, in Deutschland gibt es keinen entsprechenden Begriff. „Ehrenamtliches Leitungssystem" bezeichnet, auch wenn sprachlich nicht sonderlich elegant, die Gremien, die mit Mitgliedern besetzt sind, die für die Wahrnehmung von Leitungsaufgaben eben nicht bezahlt werden. Auf jeder Verwaltungsebene gibt es solche mit ehrenamtlichen Leiterinnen und Leitern besetzte Gremien, angefangen beim Pfarrgemeinderat bzw. Kirchenvorstand bis hin zu gesamtkirchlichen Synoden. Diese ehrenamtlich Mitarbeitenden sind in die Aufbauorganisation der Kirche einbezogen.
Neben diesen gibt es noch Ehrenamtliche, die vielfältige Aufgaben in der Kirche, in der Gemeinde übernehmen. Deren Dienst richtet sich zumeist an die übrigen Mitglieder der Gemeinde, es handelt sich also um eine besondere Form der Mitgliedschaft, durch die Dienstleistungen erbracht werden.
Viele Dienstleistungen können aber nun nicht von den ehrenamtlich Tätigen wahrgenommen werden, da besondere Kompetenzen und Qualifikationen wie auch ein besonderer Zeitaufwand dafür erforderlich sind. In solchen Fällen

besorgen sich die ehrenamtlichen Leitungssysteme auf dem Arbeitsmarkt Mitarbeiterinnen und Angestellte. Die Gemeinde- bzw. Pfarrsekretärin, GemeindepädagogInnen, Pastoral- und GemeindereferentInnen, SozialarbeiterInnen, Hausmeister, OrganistInnen wie auch Pfarrerinnen und Pfarrer fallen in diese nächste Kategorie: Sie gehören dem „Funktionärssystem" an. Ihre Aufgabe ist es, die erwünschten Dienstleistungen nach dem Prinzip „Arbeit gegen Geld" zu erbringen. Die Nonprofit-Organisation Kirche hat es also mit Mitgliedern, ehrenamtlich Mitarbeitenden, ehrenamtlich Leitenden und den Funktionären zu tun, eine wahrhaft komplizierte Struktur.

2.2 Neuorientierung: Vom Verwaltungs- zum Managementdenken

Wie Schwarz feststellt, vollzieht sich bei den Funktionären ein „allmählicher Umdenkprozeß in Richtung Management-Philosophie" (Schwarz 1992, S. 524). Bei den Mitgliedern der ehrenamtlichen Leitungssysteme sieht er dagegen erhebliche Defizite, was professionelle Leitung anbelangt. Nachdrücklich fordert er einen Umdenkungsprozeß in drei Bereichen:
- Effizienz-/Erfolgs-Orientierung,
- Orientierung am „Kunden" (Marketing-Orientierung) und
- Zukunfts-Orientierung.

Eine solche Neuorientierung soll dazu führen, ein eher statisches Verwaltungsdenken (Schwarz spricht von „Vereinsmentalität") in ein eher dynamisches, prozeßhaftes Managementdenken zu überführen.

2.2.1 Effizienz-/Erfolgs-Orientierung

Da wie oben dargestellt, Nonprofit-Organisationen nur schwer ihre Wirksamkeit und ihre Erfolge messen und nachweisen können, geht es vor allem darum, daß eine konsequente Effizienz-Orientierung als Handlungsrichtschnur bewußtseinsmäßig akzeptiert und praktiziert wird. Effizienz-Orientierung muß gewollt werden! Worum geht es dabei? Pfarrgemeinderäte bzw. Kirchenvorstände sollten sich immer wieder fragen, ob die von ihnen verantwortete Gemeindearbeit wirtschaftlich und effektiv betrieben wird. Der knappe „Produktionsfaktor" Geld soll sparsam und der ebenfalls knappe „Produktionsfaktor" Personal (Ehren- und Hauptamtliche) soll zweckmäßig eingesetzt werden. Zielgerichtete und planmäßige Leitung sind notwendig, um eine effiziente Gemeindearbeit zu erreichen. Pfarrgemeinderäte und Kirchenvorstände müssen sich klar machen,

welche Ziele sie verfolgen, welchen Nutzen sie stiften wollen. Nur wenn das ausreichend geklärt ist, kann planvoll gehandelt werden (s. dazu Kap. 5.2 und 5.3). Um das zu gewährleisten, muß großer Wert darauf gelegt werden, daß wirklich kompetente Frauen und Männer in die Pfarrgemeinderäte und Kirchenvorstände gewählt werden. Die für die gemeindliche Leitungsaufgabe notwendigen Qualifikationen (siehe dazu Kap. 6) sollten entscheidend sein und nicht so sehr der oft als sehr wichtig angesehene Gesichtspunkt der Repräsentativität, daß also die Gruppen und unterschiedlichen Richtungen der Gemeinde in der Gemeindeleitung vertreten sind. Schwarz sagt es ganz pointiert: „Wähle die Besten in die Schlüsselpositionen!" (Schwarz 1986, S. 26). Um die Leistungsbereitschaft und die Leistungsfähigkeit zu fördern und weiterzuentwickeln, sind Weiterbildung und Schulung für die gemeindlichen Leitungsgremien unerläßlich. Noch einmal Schwarz: „Bilde deine Amts- und Funktionsträger permanent weiter!" (ebd.).
Bei Pfarrgemeinderats- und Kirchenvorstandswahlen ist manchmal zu beobachten, daß die mit der Aufstellung der Kandidatenlisten Beauftragten – eine zugegebenermaßen nicht leichte Aufgabe – die Aufgaben und die Verantwortung des Pfarrgemeinderats bzw. Kirchenvorstandes geradezu herunterspielen, um so leichter Kandidatinnen und Kandidaten zu gewinnen. Die dann Gewählten sind nicht selten überrascht, was plötzlich auf sie zukommt, was sie alles zu beraten und zu entscheiden haben. Immer wieder hört man dann: „Wenn ich das gewußt hätte ...". Es geht eben nicht nur darum, acht oder neun Sitzungen im Jahr zu absolvieren und ein bißchen mitzureden. Gemeindeleitung ist vielmehr eine verantwortungsvolle, phasenweise auch zeitintensive, aber gerade deshalb auch reizvolle Aufgabe. Also: Hoch hängen, nicht abwerten! Nur für eine solche Aufgabe und Herausforderung lassen sich auch qualifizierte Frauen und Männer gewinnen!

2.2.2 Marketing-Orientierung

Manch einer schüttelt bei diesem Begriff, wenn er im Zusammenhang mit der Kirche verwendet wird, sicherlich verwundert den Kopf. Jedoch: In jeder Gemeinde geschieht, oft unbewußt, Marketing: Es werden Leistungen erbracht, die von Gemeindegliedern, den „Leistungspartnern", mehr oder weniger angenommen werden. Damit das möglich ist, werden beispielsweise Gemeinde- und Pfarrbriefe hergestellt, es werden Schaukästen gestaltet, es werden Handzettel und Plakate gedruckt, Artikel an die Lokalpresse gegeben usw. All dies wird in vielen Gemeinden ganz selbstverständlich praktiziert. Das Ziel

dieser ganzen Bemühungen heißt letztlich: Es sollen Menschen eingeladen werden, tendenziell übrigens *alle* Menschen, sich mit der Frohen Botschaft auseinanderzusetzen, sie anzunehmen und für ihr Leben fruchtbar zu machen. Das ist das „Produkt“ der Nonprofit-Organisation Kirche (vgl. dazu Perels 1990, S. 15 ff). Wenn schon soviel getan wird, warum also ist hier Verbesserung, warum ist konsequente Marketing-Orientierung gefordert?
Wie Schwarz schreibt, wird Marketing „in der Alltagssprache oft mit Werbung und Verkauf gleichgesetzt. Marketing aber meint mehr, es bezeichnet eine Denkhaltung, die sich nach ‚außen‘ orientiert und die Adressaten, Benutzer, Leistungsbezüger/-partner bzw. deren Bedürfnisse, Ansprüche, Erwartungen umfassend in das eigene Handeln, in die Konzeption der eigenen Aktivitäten einbezieht bzw. sich konsequent an diesen orientiert“ (Schwarz 1992, S. 34). Marketing-Orientierung bedeutet also, die Menschen, für die Angebote und Leistungen entwickelt werden, bei Planungen, Konzeptionserstellungen und Aktivitäten miteinzubeziehen. Im Bereich der Bildungsarbeit ist das ein „alter Hut“, man spricht von „Teilnehmerorientierung“. Die Wünsche und Erwartungen, die Ängste und Hoffnungen von Menschen, die sich zu einem Seminar angemeldet haben, werden, soweit es eben geht, in die Planung aufgenommen und berücksichtigt. Es geht dabei immer um die Gratwanderung. Einerseits: Was will ich als Leiterin oder Leiter eines Seminars, was ist bei dem jeweiligen Thema unverzichtbar? Und andererseits: Was wollen die Teilnehmenden?
Zwei praktische Empfehlungen dazu:

1. Befragungen

Nehmen Sie aus der Gemeindemitgliederkartei eine Zufallsstichprobe, zum Beispiel jede 20. Karteikarte. Mit einem vorher erarbeiteten Fragebogen werden diese Personen aufgesucht. Sie müssen also wissen, was Sie erfragen wollen. Eine Befragung kann sich auf die Gemeindearbeit im ganzen beziehen, es kann aber auch nur um einen bestimmten Aspekt gehen. Wenn es beispielsweise um die Altenarbeit geht, dann ist es natürlich sinnvoll, nur ältere Menschen zu befragen. Gut ist es, eine solche Aktion vorher im Gemeindebrief anzukündigen. Wer nicht angetroffen wird, dem wird der Fragebogen in den Briefkasten gesteckt, verbunden mit der Ankündigung, ihn in einer Woche abzuholen. Es kann dabei passieren, daß Sie in aufschlußreiche Gespräche verwickelt werden, daß Sie viel darüber erfahren, wie die Gemeinde wahrgenommen wird.

2. „Erwartungs-Phantasien“

Ein Pfarrgemeinderat bzw. Kirchenvorstand kann auch das folgende, sehr reizvolle Verfahren probieren.

Zunächst wird zusammengetragen, welche Personengruppen für die Wohngemeinde typisch sind (z.B. alte Menschen, junge Menschen, aus der Kirche Ausgetretene, bestimmte Berufsgruppen, Hausfrauen, junge Eltern). Dann wählt sich jedes Mitglied des Pfarrgemeinderats bzw. Kirchenvorstandes eine dieser Gruppen aus, denkt sich kurz in sie hinein und nimmt dann in der „Ich-Form" zu dem Stellung, was der Pfarrgemeinderat bzw. Kirchenvorstand plant, wie die Gemeinde wohl wahrgenommen wird usw. (Erwartungen, Wünsche an die Gemeinde oder bestimmte Vorhaben; was verhindert, die Angebote der Gemeinde anzunehmen usw.).
Die so gesammelten Eindrücke und „Erwartungs-Phantasien" werden bei der Weiterarbeit sehr bewußt berücksichtigt. Sie werden überrascht sein, was Sie alles auf diese Weise über andere Menschen erfahren!

Zur Marketing-Orientierung gehört auch, daß die Gemeinde einer Analyse unterzogen wird. Warum ist das notwendig?
Nur so erhalten Pfarrgemeinderäte und Kirchenvorstände einen Überblick über die innere Struktur, die Segmente der Gemeinde. Daraus lassen sich dann Schwerpunkte für die Gemeindearbeit ableiten.
In Großstädten kann z.B. festgestellt werden, daß die Bevölkerung zunehmend aus Ein-Personen-(Single-)Haushalten und vielen alten Menschen besteht. Junge Leute und Familien ziehen ins Umland, weil die Mieten für sie in den Innenstädten oft zu hoch sind und die Lebensqualität, vor allem für Kinder, zu schlecht geworden ist. In solch einem Fall wäre es unsinnig, gezielt familienorientierte Angebote zu entwickeln. Der „Markt" Gemeinde ist also in seine „Marktsegmente" aufzugliedern, die jeweils unterschiedliche Interessen und Erwartungen haben (vgl. Perels 1990, S. 76 ff).
Um Ihnen eine Gemeindeanalyse zu erleichtern, geben wir Ihnen am Ende des Kapitels ein Analyse-Raster, das Sie selbstverständlich ändern und ergänzen können.
Zur Marketing-Orientierung gehört schließlich noch eine professionelle Kommunikation. Kommunikation ist ja geradezu ein Wesensmerkmal der Kirche. Seelsorge und Verkündigung sind kommunikative Vorgänge (vgl. Perels 1991, S. 87 ff). Unter Marketing-Gesichtspunkten ist Kommunikation ein darüber hinausgehendes weit gefächertes Bemühen, die Botschaft zu vermitteln. Nach Schwarz (Schwarz 1986, S. 32) gehören unter anderem folgende Elemente zum Marketing-Instrument Kommunikation:

Ehrenamtliche MitarbeiterInnen gewinnen
Mitglieder gewinnen
Öffentlichkeitsarbeit (Public Relation)

Dienstleistungen verkaufen
Zufriedenheit und Akzeptanz bei den Adressaten/„Kunden“ schaffen
Heimatgefühl schaffen
Botschaften verständlich machen
Persönliche Beziehungen verbessern
Sitzungen und Versammlungen attraktiv gestalten
Ideen, Werte, Verhaltensweisen durchsetzen (Sozio-Marketing)
Spender gewinnen (fund raising)

Diese Auflistung kann als Raster genommen werden, um sich kritisch zu fragen: Wie sieht es damit bei uns aus? Wo stellen wir Defizite fest? Welchen Stärken haben wir? Was muß weiterentwickelt werden?

2.2.3 Zukunfts-Orientierung

Agieren statt Re-agieren ist der Kerngedanke für eine bewußte Zukunfts-Orientierung. Um zu einer zukunftsorientierten Gemeindeleitung zu kommen, ist es erforderlich, daß sich ein Pfarrgemeinderat bzw. Kirchenvorstand von vielen alltäglichen Aufgaben entlastet. Eine konsequente und gut organisierte Ausschuß- bzw. Projektgruppenarbeit ist dazu ein unerläßliches Instrument. Die so gewonnene Zeit ist für Planung, für das Beobachten von Entwicklungen und Veränderungen in der Umwelt zu nutzen. Durch vorausschauendes Planen kann Zeit eingehandelt werden, und es verringert sich der Zwang, immer wieder unter (Zeit-)Druck handeln und entscheiden zu müssen.

Wenn ein großer Betrieb in absehbarer Zeit schließen wird, was hat das für Folgen?

Wenn ein Neubaugebiet ausgewiesen wird, was kommt auf die Gemeinde zu?

Wenn eine Stadt aus ökonomischen Gründen erwägt, Kultureinrichtungen oder Einrichtungen der Jugendarbeit zu schließen, mit welchen Konsequenzen ist zu rechnen?

Welche Folgen sind absehbar, wenn eine Durchgangsstraße, die mitten durch das Gemeindegebiet führt, wegen des starken Verkehrs von zwei auf vier Spuren erweitert werden soll?

Wenn in einem Quartier in erheblichem Umfang Mietwohnungen in Eigentumswohnungen umgewandelt werden, welche Veränderungen in der Wohnbevölkerung sind wahrscheinlich?

Ein letztes Beispiel:

In manchen Dörfern und Städten werden, auch das wird langfristig geplant, durch Länder- und Kommunalbehörden Aussiedlerfamilien aus Ost- und

Südosteuropa konzentriert angesiedelt (in einem Dorf in Deutschland mit 500 Einwohnern gibt es ein Wohnheim für Aussiedler mit 320 Plätzen!). Wie geht die Gemeinde damit um?
Solche Entwicklungen und Vorhaben kommen nicht „über Nacht". Problem-Früherkennung und daraus abgeleitete Handlungsstrategien sind eine Daueraufgabe der Gemeindeleitung.
Pfarrgemeinderäte und Kirchenvorstände sind gehalten, sich Informationen zu beschaffen und auszuwerten und Entwicklungen im sozialen Umfeld wie in der Gemeinde (z.B. Altersentwicklung) wach zu verfolgen.
Langfristige Planungen erleichtern es auch,
- die Mitarbeiterinnen und Mitarbeiter rechtzeitig auf die neuen Herausforderungen vorzubereiten,
- sich um die dann unter Umständen auch zusätzlichen Finanzmittel zu kümmern,
- Schwerpunkte und Prioritäten zu setzen und
- vielleicht auch bisherige Arbeitsbereiche allmählich zu reduzieren oder auch stillzulegen.

Effizienz-, Marketing- und Zukunfts-Orientierung sind große, aber auch spannende Herausforderungen für Pfarrgemeinderäte und Kirchenvorstände.
Menschen, die sich in der Gemeindeleitung engagieren, begeben sich auf einen Lernweg, sie lassen sich auf einen vielseitigen und strategischen Managementprozeß ein. Es geht darum,
- Probleme zu erkennen,
- Lösungen zu erarbeiten,
- Meinungs- und Willensbildungsprozesse anzuregen,
- Entscheidungen zu treffen und zu „verkaufen",
- konstruktiv mit Konflikten umzugehen,
- Macht verantwortungsvoll zu handhaben und
- Erneuerungen in bezug auf Ziele und Methoden zu verwirklichen.

Dazu wollen wir Sie mit diesem Buch ermuntern!

2.3 Ein Raster für eine Gemeindeanalyse

1. Situation der Gemeinde/Pfarrei

1.1 Bürgerliche Gemeinde

Zum Beispiel:

- Wirtschaftliche Struktur der Region
- Wohnsituation (Neubaugebiete, soziale Brennpunkte, Ausländer, Fluktuation usw.)
- Bevölkerungs- und Sozialstruktur (Einwohnerzahl, Altersaufbau, Familien, Alleinlebende, Berufe, soziale Schichtung usw.)
- Aufteilung der verschiedenen Konfessionen und der nichtkonfessionell Gebundenen und der Religionen
- Bildungseinrichtungen
- Vereinsleben/Freizeitangebot
- ◆ Zusammenfassende Charakterisierung/Vermutungen/Fragen

1.2 Kirchengemeinde

Zum Beispiel:

- Größe/geographische Lage
- Wieviele katholische Pfarreien und Filialen bzw. Pfarrbezirke/Seelsorgebezirke?
- Zahl der Gemeindemitglieder
- Aufschlüsselung der sozialen Zusammensetzung der Gemeindemitglieder
- Austritte/Eintritte der letzten fünf Jahre
- Wahlbeteiligung bei den letzten drei Pfarrgemeinderats- bzw. Kirchenvorstandswahlen
- Übergemeindliche/überpfarrliche Einrichtungen
- ◆ Zusammenfassende Charakterisierung/Vermutungen/Fragen

2. Organe der Gemeinde/Pfarrei

2.1 Kirchenvorstand/Pfarrgemeinderat und Ausschüsse
(Alter, Geschlecht, Berufe, Aktivitäten usw.)

2.2 Mitarbeiterkreis
(haupt-, neben- und ehrenamtliche Mitarbeiterinnen und Mitarbeiter; Zusammensetzung, Arbeitsweise usw.)

2.3 Gemeindeversammlung
(Häufigkeit, Zahl der Besucherinnen und Besucher in den letzten drei

Jahren, Themen)
- Zusammenfassende Charakterisierung/Vermutungen/Fragen

3. Mitarbeiterinnen und Mitarbeiter der Gemeinde

3.1 Haupt- und nebenamtliche Mitarbeiterinnen und Mitarbeiter
Zum Beispiel:
Sekretärin, KüsterIn, OrganistIn, KantorIn, JugendleiterIn, GemeindepädagogInnen, Pastoral- und GemeindereferentInnen, Krankenschwestern, ErzieherInnen, Zivildienstleistende, PfarrerInnen, VikarIn, Priester, Kapläne, Diakone

3.2 Ehrenamtliche Mitarbeiterinnen und Mitarbeiter
Zum Beispiel:
im Besuchsdienst, im Kindergottesdienst, in der Jugendarbeit, in der Frauenarbeit, LeiterInnen von Gruppen und Kreisen
- Zusammenfassende Charakterisierung/Vermutungen/Fragen

4. Kirchliches Leben

4.1 Gottesdienstliches Leben
Daten und Beobachtungen

4.2 Kreise und Gruppen
Welche Kreise/Gruppen gibt es (im sozialen Bereich? Dritte-Welt- oder Eine-Welt-Gruppen? Frauengruppen, Männergruppen, Kinder- und Jugendgruppen?)
Wie groß sind sie? Wer leitet sie?
Gibt es eine wie auch immer geartete Vernetzung?

4.3 Aktivitäten in den Bereichen Schule/Erwachsenenbildung/Kindergarten
- Zusammenfassende Charakterisierung/Vermutungen/Fragen

5. Beziehungen nach außen

5.1 Beziehungen zu anderen Einrichtungen: Wer pflegt die Kontakte wie und wie oft?
Zum Beispiel:
- zu bisherigen und neuen Partnergemeinden im In- und Ausland,
- zur katholischen bzw. evangelischen Gemeinde,
- zu Freikirchen,
- zu ökumenischen Aktivitäten,

– zur bürgerlichen Gemeinde,
– zu Vereinen,
– zu Einrichtungen der Gesamtkirche, der Diözese

5.2 Öffentlichkeitsarbeit

Zum Beispiel:

- Gemeindebrief (wie oft? – wer gestaltet ihn? – wer bekommt ihn?),
- Kontakte zur lokalen Presse,
- andere Medien
- ◆ Zusammenfassende Charakterisierung/Vermutungen/Fragen

6. Rahmenbedingungen für die Gemeindearbeit

6.1 Baulichkeiten
6.2 Finanzielle Situation der Gemeinde

7. Gesamtcharakteristik des Gemeindelebens

7.1 Welche Schwerpunkte sind für die Gemeinde, die Pfarrei prägend?
Wie sind sie zu erklären?
Wo sind Defizite/Überangebote festzustellen?
7.2 Welche Veränderungen/Korrekturen wären wünschenswert?
Aus welchen Gründen?

3. Organisationen haben ein Leben

3.1 Jede Gemeinde ist ein Organismus

Wir sind in der Regel gewöhnt, über die Kirche als eine religiöse und soziale Institution zu sprechen. Institutionen ist es eigen, eine ausgebaute Organisationsstruktur zu besitzen, die sich dann in einer Anzahl Gebäuden mit einem bestimmten Inventar niederschlägt.
Die Infrastruktur und die darin arbeitenden Menschen sind dazu da, festgelegte Aufgaben auszuführen. Institutionen bieten also einen Rahmen, der der Bewältigung von Anforderungen dienen soll. So ist es jedenfalls gedacht. Institutionen haben es jedoch an sich, zu versteinern. Sie werden dann so unbeweglich wie die Gemäuer, in denen sie ansässig sind. Anstatt daß die vorhandene Struktur der Bewegung dient, wird das Gegenteil, nämlich Unbeweglichkeit hervorgerufen: Es finden Sitzungen statt. Es werden Fünf-Jahres-Pläne eingehalten. Es wird die Tradition gepflegt. Es wird der Standard gehalten.
Über das Stasi-System im östlichen Teil Deutschlands sprach man als von einem festgefügten System von „Betonköpfen". Das bedeutet: Menschen passen sich mit der Zeit den Strukturen an, in denen sie leben und arbeiten. Ganz anders ist es, wenn man Institutionen und Organisationen als Organismen versteht. Organismus ist ein Begriff aus der Biologie. Ein Organismus hat mit Leben zu tun. Es gibt lebende und tote Organismen, primitive und höher differenzierte. Der Organismus eines Einzellers ist weniger spezifiziert als der komplexe Organismus des menschlichen Körpers. Organismus hat mit Bewegung, mit Autopoetik zu tun. Einem Organismus liegt eine gewisse Dynamik zugrunde, die, will man sie gewaltsam stoppen, zum Absterben des Organismus führen kann.

Läßt die Theologie es zu, von der Kirche im allgemeinen und der Gemeinde im besonderen als Organismus zu sprechen? Die Frage darf mit einem klaren Ja beantwortet werden. Ein Blick ins Neue Testament zeigt, daß schon Paulus ein organisches Bild für das Gefüge der Gemeinde gebraucht.
„Durch den Geist wurden wir in der Taufe alle in einen einzigen Leib aufgenommen, Juden und Griechen, Sklaven und Freie; und alle wurden wir mit dem einen Geist getränkt. Auch der Leib besteht nicht nur aus einem Glied, sondern aus vielen Gliedern" (1 Kor 12,13f).
Und man darf wohl auch mit einigem Fug und Recht behaupten, daß auch Jesus organische Bilder benutzt hat, um die Realität des Gottesreiches, welches die

Gemeinden ja ansichtig machen sollen, zu beschreiben. In diese Reihe fallen die Gleichnisse vom Senfkorn (Mt 13,31 f), vom Sämann (Mt 13,1 f), vom Wachsen der Saat (Mk 4,26 f), vom Salz der Erde (Mt 5,13), vom Sauerteig (Mt 13,33), von den Lilien auf dem Felde (Mt 6,28). Auch das bekannte Bild vom Weinstock und seinen Reben gehört dazu (Joh 15,5 f).
Was ist nun das Besondere an den organischen Bildern, die ja Urbilder menschlicher Gemeinschaft, Urbilder der „Herausgerufenen", der ecclesia, der Kirche, sein sollen?
Das Besondere liegt darin, daß sie mit Wachstum, mit Bewegung, mit Veränderung zu tun haben. Es sind schöpferische Bilder. Das Senfkorn wird so groß, daß sogar die Vögel des Himmels darin nisten können. Die Saat wächst über Nacht zu vielfacher Frucht. Der Weinstock ist angeschlossen an die göttliche und irdische Dimension des Lebens, und die Lilien stehen in voller Pracht.
Eine ganze Theologie der Schöpfung ermuntert dazu, von der Gemeinde als Organismus zu sprechen. So wird z.B. die ganze Heilsgeschichte Gottes mit seinem Volk von nicht wenigen Theologen als permanente Neuschöpfung Gottes verstanden. Das Exodusgeschehen, die Sammlung der israelitischen Gemeinde in Babylon, die Propheten, die Gruppe um Jesus, die Urgemeinde sind nur einige wenige markante Punkte auf dem Weg durch die Jahrtausende. Die Schöpfung bleibt niemals stehen. Schöpfung ist ein dauernder Prozeß von Geburt, Werden und Vergehen. In der Natur erkennen wir, daß alle Dinge in diesen Kreislauf von Leben, Tod und Wandlung eingeschlossen sind. Mit dem Begriff „Wandlung" ist ein weiterer Aspekt genannt worden, der das Mark eines jeden Organismus ausmacht.
„Denn wir wissen, daß die gesamte Schöpfung bis zum heutigen Tag seufzt und in Geburtswehen liegt" (Röm 8,22), schreibt Paulus in der Erkenntnis, daß Mensch und Natur, kurz jeder lebender Organismus, Entwicklungsprozessen unterliegen. Meister Eckhart, ein christlicher Mystiker, hat dies rund 1100 Jahre später so ausgedrückt: „Der Same Gottes ist in uns... Birnbaums Same erwächst zum Birnbaum, Nußbaums Same zum Nußbaum, Same Gottes zu Gott." Es ist auch Eckhart, der weiterhin sagt, daß Gott niemals aufhört zu erschaffen, daß Gott immer weiter erschafft und alle Kreaturen fortwährend erschaffen werden.
Bei der Rede von der Schöpfung geht es also um schöpferisches Leben zwischen Geburt und Tod. Zwischen Geburt und Tod liegt die Zeit des Werdens. Die Zeit des Werdens ist eine Zeit des Wachstums, der Selbstverwirklichung zwischen den Polen Tradition, Umwelt, Mitwelt und innewohnendem Wesenskern. Wachstum verstehen wir dabei im Sinne von Reifung und nicht wie es in der Wirtschaft weitgehend üblich ist als quantitative Veränderung im Sinn der

Gewinnmaximierung beziehungsweise Umsatzsteigerung. Reifung hat mit Qualitätsveränderung zu tun. Ein reifer Mensch ist derjenige, der mit sich selbst im reinen, der mit sich selbst identisch ist. Mit sich selbst einig sein bedeutet: Ich bin so geworden, wie Gott mich gemeint hat. Eine reine Organisation ist eine Organisation, die die ihr innewohnenden Potentiale nutzt, miteinander in Beziehung setzt und zur Entfaltung bringt.

In einer Organisation als Organismus geht es nicht um Bewahrung, sondern um Veränderung, nicht um Stillstand, sondern um Bewegung, nicht um Status quo, sondern um Entwicklung. Eine Organisation, die sich nicht bewegt, lebt nicht. Oder wie Lao Tse schreibt: Alles Flexible und Fließende neigt zu Wachstum, alles Erstarrte und Blockierte verkümmert und stirbt.

Der einen oder dem anderen kommt da so manche Organisation in den Sinn, die auf dem Papier vielleicht noch existiert, in der Realität aber bereits gestorben ist.

Neben unzähligen Faktoren, die eine Organisation in Agonie verfallen lassen, ist es nicht zuletzt die Angst vor Wandlung, die dem Sterbeprozeß zugrunde liegt. Lothar Zenetti, ein Theologe und Textemacher, drückt dies so aus:

Frag 100 Katholiken, was das Wichtigste in der Kirche ist. Sie werden antworten: die Heilige Messe.

Frag 100 Katholiken, was das Wichtigste in der Heiligen Messe ist. Und sie werden antworten: die Wandlung.

Sag 100 Katholiken, daß das Wichtigste in der Kirche die Wandlung ist, und sie werden sagen: Um Gottes Willen, alles bleibe beim Alten.

„Alles bleibe beim Alten", das ist der Tod einer jeden Organisation. Wo Entwicklung unterbunden wird, werden nicht nur schöpferische Prozesse blockiert, es wird vielmehr die Lebensenergie abgeklemmt. Veränderung und Wandlung sind nicht nur zusätzliche Aufgaben neben dem sogenannten Pflichtprogramm der Lebenserhaltung. Sie sind vielmehr innerste Mitte, Grundantrieb eines jeden Organismus. Egal, wohin wir schauen: Menschen, die Natur, eine Organisation gibt es nur, indem sie werden.

3.2 Ein Blick in die Organisationspsychologie

Im Vergleich mit Einzellebewesen, die werden und vergehen, haben Organisationen eher den Charakter der Unsterblichkeit. Ihnen liegt ein Potential zugrunde, welches sie die Lebensspanne von Individuen überdauern läßt. Ein Blick in die Kirchengeschichte zeigt: Kirchenlehrer und -lehrerinnen prägten in unterschiedlichem Maße die Lehre der Kirche, heilsame und unheilvolle

Figuren tauchten auf und bestimmten für eine gewisse Zeit die Geschicke der Gesamtorganisation. Sie kamen und gingen, aber die Organisation überlebte sie. Dennoch, in den scheinbar unbegrenzten Möglichkeiten von Organisationen lassen sich Gesetzmäßigkeiten erkennen, die an die verschiedenen Entwicklungsphasen im Leben eines Menschen erinnern. Eric Erikson, ein amerikanischer Psychologe, erkannte Phasen im Leben eines jeden Menschen, denen er bestimmte Wachstumsmöglichkeiten zuordnete. Anhand der Ergebnisse Eriksons und anderer Psychologen entwickelte M.F. Saarinen (Saarinen) folgendes Modell:

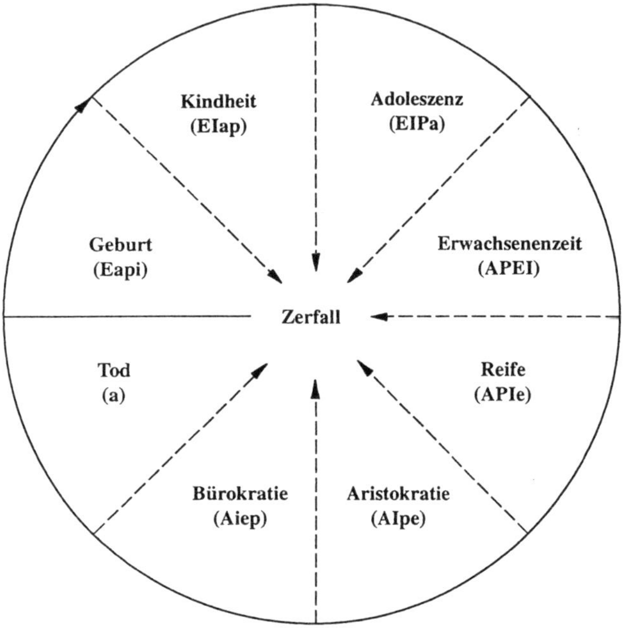

Dem zugrunde liegt die Erfahrung, daß sich der Lebenszyklus von Organisationen mit vier Faktoren näher beschreiben läßt. Dazu zählen:

1. Der Faktor „Energie“ (E, e)

Darunter wird die einer Organisation innewohnende Kraft verstanden. Wenn ich nach der Energie eines Unternehmens frage, frage ich nach der Kraft ihrer Bilder, nach der „Power“ ihrer Visionen, nach ihrer Fähigkeit zu wünschen und zu imaginieren, nach Phantasie und Kreativität.

2. Der Faktor „Programm“ (P, p)

Er steht für das Gefäß, in dem die Energie Gestalt annimmt. Hier ist die Energie zielgerichtet, nicht ungeordnet oder diffus. Der gerichtet fliegende Pfeil ist ein Bild dafür. Beim Programm geht es um die Wirksamkeit einer Organisation nach außen.

3. Der Faktor „Administration“ (A, a)

Damit ist die Regelung von Handlungsabläufen gemeint. Wie Vorgänge organisiert werden, ist geklärt. Zuständigkeiten und Kompetenzen der Mitarbeiter sind vereinbart. Die Informationswege sind definiert, Verantwortlichkeiten geteilt.

4. Der Faktor „Inklusivität“ (I, i)

Hier geht es um das „Wir-Gefühl“. Damit ist die Beziehungsebene, die Atmosphäre untereinander gemeint. Als eine Gemeinschaft von Personen spielt in jeder Organisation die Kultur eine große Rolle. Darunter werden auch Umgangsformen, Umgangston, Einstandsriten und Abschiedszeremonien für ausscheidende MitarbeiterInnen verstanden.

In den Entwicklungsphasen einer Organisation sind immer alle Faktoren vorhanden. Es verändert sich lediglich der Grad ihrer Intensität. Die Phasen der Entwicklung gehen nicht automatisch ineinander über. Entwicklung ist immer ein chaotischer Prozeß zwischen Vorgegebenem und Unvorhersehbarem. Selten läuft im Leben alles wie am Schnürchen. Vielmehr gibt es Brüche, Schicksalsschläge, Zufälligkeiten, die das Leben eines Einzelwesens oder einer Organisation tüchtig durchrütteln. Es besteht immer auch die Gefahr, daß es regelrechte Abstürze gibt bis hin zum Zerfall. Im Gegensatz zu Einzellebewesen können Organisationen auf eine frühere Stufe ihrer Entwicklung zurückkommen, also sozusagen noch einmal von vorne anfangen. Auch darin besteht ihr Charakter der Unsterblichkeit.

An einem Beispiel wollen wir Ihnen diese Lebensphasen einer Organisation deutlich machen.

Die Geburt (Eapi)

Wie dem Schaubild zu entnehmen ist, ist am Beginn, der sogenannten Geburtsstunde einer Organisation, der Faktor „Energie“ besonders groß. Das große E symbolisiert es. Wie bei einem Kind stehen noch alle Entwicklungsmöglichkeiten offen. Ein Kreis von idealistisch gesinnten Menschen hat sich gefunden oder eine charismatisch begabte Person sammelt mit ihren Ideen einige Anhänger um sich. Etwas aus dieser neu aufgebrochenen Kraft zu machen, das ist die Devise, die den Kreis zusammenhält. Was gemacht werden soll, ist noch unklar. Es ist alles denkbar und vieles möglich.

Auf diese Art entstand die franziskanische Bewegung. Ein junger Mann hat im 12. Jahrhundert einen Traum. Er soll eine halbzerfallene Kapelle wieder aufrichten. Es tut dies und lebt ab sofort, ärmer als die Armen, im Wald. Nur ab und zu verläßt er seine selbstgewählte Einsamkeit, um in der nahegelegenen Stadt zu betteln und zu predigen. Lange Zeit halten ihn die meisten für einen Narren. Sie vermuten hinter dem radikalen Verhalten eine schnell vergehende Laune. Von Eintagsfliegen haben sie genug. Doch als die Energie und der Einsatz des jungen Mannes nicht nachlassen, werden einige nachdenklich und schließen sich dem jungen Mann an. Sie wohnen fortan ebenso wie er nahe der kleinen Kapelle im Wald. Die Legende erzählt, daß diese Brüder „trunken waren von Gott", begeistert von dem Ideal der Armut, dem sie nichts in ihrem Leben vorziehen wollten. Der charismatische Führer, der die Geburt dieser neuen Organisation ins Leben rief, hieß Francesco Bernadone, Franz von Assisi.

Am Anfang der großen franziskanischen Bewegung steht eine Vision. Es ist das Ideal von der vollkommenen Armut. Dieses Ideal ist das innewohnende Potential der kleinen Gruppe. Es ist der Motor, der die neugeborene Organisation zusammenhält und antreibt. Dieser Enthusiasmus ist das Kapital. Die Schwäche der Organisation in dieser Phase liegt in der geringen Zahl ihrer Mitglieder. Es besteht die Möglichkeit des Zerfalls, wenn aus dem Enthusiasmus Selbstverliebtheit wird. (Dies war beispielsweise bei der texanischen Sekte der Fall, die sich von der Außenwelt immer mehr zurückzog und solange das Freund-Feind-Denken aufrechterhielt, bis es in einer Zuspitzung der Konflikte zur großen Massenselbsttötung ihrer Mitglieder kam.)

Die Kindheit (EIap)

In dieser Phase wächst der Faktor der „Inklusivität". Zum Enthusiasmus des Anfangs gesellt sich ein wachsendes Wir-Gefühl. Die Beziehungen unter den Mitgliedern gewinnen an Bedeutung. Neben dem Engagement für eine gemeinsame Vision hält nun auch die zunehmende Identität als Gruppe die neue Organisation am Leben. Gemeinschaftsgeist ist großgeschrieben. In seinen Sog geraten oft neue Mitglieder. Zugehörigkeitsgefühl und Visionskraft sind die Stärken dieser Phase. Der Schwachpunkt liegt in der oft übereilten Festlegung eines Programms, das sich in Folge noch häufig ändern kann und muß. Durch solche Wechselbäder kommt es dazu, daß so manche Mitglieder in dieser Phase wieder abwandern.

In der entstehenden franziskanischen Bewegung ist es schon in dieser frühen Phase zu einer Spaltung gekommen. Die kleine Gruppe im Wald wuchs ständig. Neben Bauern, Bettlern, Frommen, die alles verlassen hatten, gesellten sich Menschen mit großer geistiger Kraft hinzu. Auf den Initiator Francesco Bernadone nahm der Druck zu, eine vorläufige Regel zu verfassen. Er setzte sich also hin und versuchte, den auslösenden Gedanken von der vollkommenen Armut in Worte zu fassen. Dies gelang ihm nur mühsam, da er alles andere als ein wortgewandter Mensch war. Kernstück der Regel war die vollkommene Armut, die es beispielsweise keinem Mitglied der Gemeinschaft erlaubte, Schuhe zu tragen. Bevor Franz nach Rom ging, um diese Regel von Papst Innozenz III. bestätigen zu lassen, wurde in der Gemeinschaft schon latente Kritik an der Radikalität der Regel laut. Als Franz mit der approbierten Regel von Rom zurückkam, fand er seine Brüder bereits in zwei Lager gespalten. In gewisser Weise trifft hier zu, was oben bereits gesagt wurde. Gefahr für die Organisation entsteht durch unfertige, unpräzise Programme, die sich schnell ändern können. Ob nun die Regel des Franz unfertig oder unpräzise gewesen ist, oder dies eher für den Entwurf des Bruders Elias gilt, mag dahingestellt sein. Es kommt jedenfalls im Zuge der Programmentwicklung zur Erodierung von Mitgliedern, die sich hin und her gerissen fühlen.

Die Adoleszenz (EIPa)

Die Organisation ist geschäftig wie ein Bienenkorb. Die anfangs noch ungerichtete Energie hat sich zur zielgerichteten Kraft des fliegenden Pfeils verdichtet. Programme werden entwickelt, gleichzeitig ist die Organisation fähig zur schnellen Anpassung an neue Gegebenheiten. Grund für diese Flexibilität ist das Wir-Gefühl und der lebensbejahende Enthusiasmus. Dieser kann jedoch auch unrealistische Züge annehmen und leicht verpuffen. Bei etwaigen Pannen halten manche Mitglieder die Desillusionierung nicht aus und geben auf. Führerpersonen stehen in der Gefahr, auszubrennen, weil sie permanent gefordert sind. Noch einmal ein Blick auf die franziskanische Geschichte:

Elias hat sich mit seinem Gegenentwurf zur Regel des Franziskus durchgesetzt. Franziskus mußte einem „Stärkeren“ weichen, einem, der die Weltgewandtheit und die gemilderte Armut der radikalen Einfältigkeit und vollkommenen Armut vorzog. Elias ist ein Kind dieser Welt, und so paßte er die Regel an die neuen Gegebenheiten an. Diese bestanden darin, daß unaufhörlich neue Menschen zur Gemeinschaft dazustießen und es unmöglich machten, die vollkommene Armut des Franziskus zu realisieren. Abgesehen davon hatte Elias noch ganz andere Ideen mit dem Orden: Er wollte einen Predigerorden und weniger einen Bettelorden. Die Ausbildung seiner Brüder trat nun an die Stelle der heiligen Einfalt.

Das Erwachsenenalter (APEI)

In dieser Phase ist die Organisation etablierter geworden. Zum kreativen

Potential (E), dem Wir-Gefühl (I) und der strategischen Planung (P) tritt noch der Faktor „Administration“ (A) hinzu. Das innere Gebäude der Organisation wird nun stabiler. Die spontane Anpassungsfähigkeit nimmt ab, das Bedürfnis nach längerfristiger Sicherheit hingegen zu. Dienstwege und Bürokratisierung werden stärker. Demgegenüber nimmt das Gefühl der Nähe unter den Mitarbeitern ab. Beziehungen sind jetzt weniger spontan und mehr formalisiert. In dieser Phase nimmt die Komplexität eines Unternehmens zu. Das kann auf seiten der Mitarbeiterinnen und Mitarbeiter zu Distanz und Überforderung führen. Das Problembewußtsein steigt, und so mancher sieht mehr Probleme und Fragen als Lösungen.
In der franziskanischen Gemeinschaft ist dies die Phase der zunehmenden Differenzierung: „Zweigstellen“ der „Urgemeinschaft“ werden gegründet, Unter- und Überordnung, also das Verhältnis zueinander wird geklärt. Aufgabenbereiche werden festgelegt und Hierarchien begründet. Aus dem mehr oder weniger losen Zusammenschluß begeisterter Anhänger der „Frau Armut“ wird eine ausgestaltete Organisation. Man lebt nicht mehr von der Hand in den Mund, sondern sorgt vorausschauend für den kommenden Tag. Das Leben der Brüder ist sicherer geworden, wenn auch die Kontakte untereinander gelitten haben.

Die Reifezeit (APIe)
In dieser Phase steht die Organisation. Von außen betrachtet ist sie nicht mehr wegzudenken. Von innen gesehen hat sie eine reife Struktur ausgebildet, die den Selbsterhalt gewährleistet. Aus einstmals spontanen Handlungsabläufen sind festgelegte Handlungsmaximen geworden. Die Organisation hat ihre eigenen Rituale entwickelt: Traditionen, altbewährte Methoden usw. Nachteilig in dieser Phase ist das fallende Energieniveau (dafür steht das kleine e). Es wird mehr Kraft für die Erhaltung des Status quo verwendet als für die Entwicklung zukunftsträchtiger Ideen. Dennoch: Das Zurückblicken auf bereits Erreichtes stärkt das Selbstwertgefühl und mit dem „Glamour“ der Gründerzeit und dem guten alten Namen läßt es sich leben.

Die Aristokratie (AIpe)
Ein Merkmal der Aristokratie ist es, daß nur wenige „hohe Tiere“ das Volk regieren. So war es im alten Griechenland vor der Ermächtigung des Plebs und in der Feudal- und Kolonialzeit. Im gediegenen Salon werden die Geschäfte von altgedienten Herren mit Argusaugen verwaltet. Ehrgeizige und vielversprechende Neueinsteiger haben es schwer, nach oben zu kommen. Nur wenn sie für eine Zeit die Rolle des Sohnes unter einer patriarchalischen Vaterfigur akzep-

tieren, haben sie vielleicht die Chance, zum Kronprinzen zu werden. Die vorherrschende Atmosphäre ist die einer geschlossenen Gesellschaft. Die Organisation arbeitet weiterhin effizient, ihre Wirksamkeit nach außen nimmt hingegen schleichend ab. Vorsicht und Abwarten gelten als oberste Prinzipien der Entscheidungsfindung. Mit Innovationen wird sich schwer getan. Unter den Mitarbeitern werden Rangfolgen und Titel peinlich beachtet. Die Ursprungsvision tritt in den Hintergrund. Es wird weitergeführt, was einst begonnen wurde.

Die Bürokratie (Aiep)
Aus der anfänglich lebendigen Bewegung ist nun eine verhärtete Institution geworden, die lieber sitzt, als daß sie geht. Visionen, Wir-Gefühl und strategische Programme sind zerronnen. Handlungsabläufe werden nur noch automatisch abgewickelt. Die Mitglieder sind „beflissen und pünktlich". Der Umgang untereinander läßt zu wünschen übrig. Selbst der Anschein der Höflichkeit wird nicht mehr gewahrt. Das Klima untereinander ist feindselig. Kontrolle herrscht. Für alles und jedes gibt es Vorschriften. Das Verhalten der Gesamtorganisation ist defensiv.

Der Tod (a)
Wenn etwas in dieser Phase von einer Organisation übrigbleibt, dann ist es allenfalls eine administrative Hülse, wie sie zur Regelung des Nachlasses und der Beerdigung eines jeden Verstorbenen notwendig ist.

Zu Beginn dieses Abschnitts wurde gesagt, daß Organisationen im Unterschied zu Einzellebewesen auf eine frühe Stufe ihrer Entwicklung zurückkehren können. Dies ist auch der Grund, warum die Beschreibung der franziskanischen Bewegung beim Erwachsenenalter aufhört: die Organisation der Franziskaner besteht bis heute. Sie hat sich in unzählige Untergruppen, verschiedene Kongregationen und in den verschiedensten Ländern ausgebreitet. Vergleichbar mit den Anfängen ist aus ihr ein komplexes Gebilde geworden mit verschiedenartigen Autonomien und Abhängigkeiten. Gewiß hat es in solchen Untergruppen oder assoziierten Bewegungen, die sich dem Geist des Franz von Assisi verpflichtet fühlen, die Phasen der Reife, der Aristokratie, der Bürokratie und des Zerfalls gegeben. Aufs Ganze gesehen aber hat sich das System bis heute erhalten. Veränderungen und Verlebendigungen sind stetig im Gang. Da mag ein Zweig aussterben, eine Schule der Gemeinschaft geschlossen werden, in irgendeinem Land ein Verbot der Gemeinschaft bestehen, das Gesamtsystem jedoch besteht weiter, heilt sich zuweilen selbst, wie es der Begriff Autopoetik besagt.

Was bedeutet das nun für die Realität einer Pfarrgemeinde? Eine Pfarrgemeinde ist, als Gesamtsystem betrachtet, ein komplexes Gebilde. Da kann der Gottesdienstbesuch rapide abnehmen, und gleichzeitig können die Jugendgruppen ein tolles Gemeinschaftsgefühl entwickeln. Für die nächste Pfarrgemeinderats- bzw. Kirchenvorstandswahl fehlen zwar die Kandidaten, aber die Frauengruppe hat ein interessantes Jahresprogramm auf die Beine gestellt. Der Pfarrer geht, und es kommt in Kürze auch kein neuer, der Pfarrgemeinderat jedoch ist hochmotiviert. In einem so verdichteten Gebilde wie einer Gemeinde vollziehen sich die Phasen von der Geburt bis zum Tod nicht in chronologischer Reihenfolge, sondern sie geschehen gleichzeitig. Hochzeit und Begräbnis gehen Hand in Hand, Neuschöpfung findet auch in Ruinen statt. Wenn man ein solches Verständnis von Organisationen hat, dann kann man auch gelassen mal etwas sterben lassen. In der Phase der Aristokratie kann z.B. der Mut zu einem schöpferischen Nein gefunden werden, bevor die Dinge ihren Lauf nehmen und ohne Zukunftsvision bei gleichzeitigem Energieverlust nur noch lustlos bürokratisch verwaltet werden.

3.3 Wandlung und Krise

Der Mensch ist ein Gewohnheitstier. Bevor er seine ach so lieben Gewohnheiten aufgibt (nicht nur Raucher können ein Lied davon singen), muß schon Schlimmes passieren. Dabei kann er es sich oftmals gar nicht mehr leisten, an alten Entscheidungen oder Verhaltensmustern hängenzubleiben. Seine Umorientierung ist manchmal schon eine Überlebensfrage geworden. Doch sich ändern, kann ein Mensch nicht einfach auf Knopfdruck. Veränderungen sind nicht nur auf der Verstandesebene angesiedelt, sondern sie sind auch ein eminent emotional-soziales Geschehen. Was über den Menschen als einzelnen gesagt wurde, gilt auch für eine Organisation als Ganzes. Der Ruf nach Wandlung ruft Widerstände hervor und Ängste, sich beim Prozeß der Veränderung selbst zu verlieren. Nur lautet die grundlegende Frage: Hat eine Gemeinde und/oder hat die Kirche wirklich schon einmal bei sich festgestellt, daß jede Veränderung mit größter Wahrscheinlichkeit Selbstverlust bedeutet? Oder ist es nicht vielmehr so, daß Organisationen immer auf dem Weg zu sich selbst sind, daß sie im Werden sind, unterwegs zu ihrer Vollgestalt? Ist es so, dann birgt jede Wandlung mindestens genauso wahrscheinlich den Keim des Lebenszuwachses wie die Gefahr des Identitätsverlusts.
Veränderungen geschehen nicht von selbst, sie sind auch kein reiner Lustgewinn. Bevor sich Organisationen auf den Exodus machen, haben sie bereits einschnei-

dende Erfahrungen gemacht. Ohne Betroffenheit gibt es keinen Wandel, meist gehört schon eine gute Portion Leidensdruck dazu, daß man sich auf den Weg zu neuen Ufern macht. Die vielbeschworene Krise ist meist der Ausgangspunkt für ein solches Unterfangen. Sie entsteht, wenn bewährte Bewältigungsmuster versagen. Eine gut eingeübte, hundertfach bewährte Reaktion funktioniert plötzlich nicht mehr.
Möglicherweise kommt in einer Krise eine Kultur-Bewegung zum Durchbruch, die schon lange im Verborgenen geglüht hat und durch einen zufälligen Windstoß Feuer fängt. Politische Wenden jüngster Zeit sind praktische Beispiele für das Aufflammen nach jahrelangen Schwelfeuern.
Wie sollen Menschen nun umgehen mit den größeren oder kleineren Krisen des Gemeindelebens? Sicherlich nicht so, daß sie sie schleunigst unterdrücken und mit Gewalt beenden. Aber auch nicht, indem sie nur linear analysieren, um die letzten Ursachen und Schuldigen zu finden. Man soll eine Krisensituation so lange schwelen lassen, bis der Leidensdruck groß genug ist und die Notwendigkeit der Veränderung unumgänglich ist.
Eine Krise ist zu nutzen, indem sie ganzheitlich erfaßt und von verschiedenen Seiten her beleuchtet wird, bis sich der Kern/Sinn enthüllt und die Zusammenhänge verstanden sind.
Fragen auf diesem Weg können folgende sein:

1. Wie sieht die Krisensituation von außen aus?
Bei dieser Frage soll nicht nur eine Einflußlinie untersucht werden, sondern ein ganzes Bündel von Einflüssen.

2. Was bewog uns damals, diese Entscheidung zu treffen, dieses Projekt zu forcieren, diesen Weg einzuschlagen? Unter welchen Umständen wurde es geboren? Wann haben wir Erfolg damit gehabt? Womit wurde es genährt und gepflegt? Was hat es erhalten? Auf welche Situation hat es sich eingeschossen? Wurde die Situation im Sinne der daraufgegebenen Antworten uminterpretiert?

3. Welche Kräftequellen sind am Werk? Eine Handlung, eine Antwort, die nicht mehr überzeugt oder trägt, bindet viele Kräfte. Um sie zu erhalten, zu schützen und zu verteidigen, wird viel Energie verbraucht. Um ein totes Konstrukt zu verändern, müssen Kräfte von gleicher Stärke eingesetzt werden wie jene, die es erhalten.

Krisenbewältigung führt zu kreativem Handlungspotential. Die Krise ist somit der Anfang der Wandlung. Kreativer Wandel ist ein Prozeßgeschehen. Er

bereitet sich im Hintergrund vor, ohne daß wir es merken. Er gleicht vorgänglich einer unbewußten Entwicklung. Oft können sich Erneuerungsprozesse über Jahre hinziehen. Plötzlich ist der Entwicklungssprung da, keiner weiß, woher und wie. Aber sicherlich hat es eine Inkubationszeit gegeben, die im Verborgenen lag. Sobald der Wandlungsprozeß bewußt wird, ruft er Widerstände hervor. Lassen Sie sich durch die vielen Hürden nicht abhalten, immer wieder neu anzusetzen. Die kreative Entwicklung ist träge wie ein Strom, während der tägliche Arbeitsrhythmus wie ein Bergbach springt.
Was bei aller Wandlungseuphorie nicht vergessen werden sollte: Veränderungen sind Führungsaufgaben. Ohne Einbezug der „Chefetage" können noch so überzeugende Erneuerungsbewegungen im Handumdrehen weggefegt werden.

4. Leitung mit kirchlichem Profil

4.1 „Geistliche Gemeindeleitung" – Eine Annäherung

In kirchlichen Gesetzen und Statuten wird ganz selbstverständlich von Leitung gesprochen. Ein Beispiel: Die Kirchenordnung der Evangelischen Kirche in Hessen und Nassau (EKHN) sagt über den Kirchenvorstand, daß er „die Gemeinde leitet und für das gesamte Gemeindeleben verantwortlich ist" (Art. 6, Abs. 1). Oder: In der Grundordnung der Evangelischen Kirche von Kurhessen-Waldeck heißt es: „Der Kirchenvorstand leitet die Gemeinde in gemeinsamer Verantwortung mit dem Pfarrer." In dem vom Landeskomitee der Katholiken in Bayern herausgegebenen Handbuch für den Pfarrgemeinderat wird die Leitungsaufgabe so beschrieben: „Aufgrund des theologischen Amtsverständnisses der Kirche ist der Leiter einer Gemeinde immer ein Geistlicher. Wir sprechen vom ‚leitenden Geistlichen' der Gemeinde. Aufgrund der Mitverantwortung aller Gläubigen an der Heilssendung der Kirche und der wenn auch unterschiedlichen Teilhabe aller am Lehr-, Hirten- und Priesteramt der Kirche, die in der Einrichtung der Pfarrgemeinderäte institutionalisiert sind, nimmt der Pfarrgemeinderat jedoch an der Leitung der Gemeinde teil" (Gärtner, S. 40).
Sind Pfarrgemeinderäte und Kirchenvorstände also ganz normale Leitungsgremien wie ein Vereinsvorstand oder ein Aufsichtsrat? Oder gibt es Merkmale, die auf ein anderes Leitungsverständnis hinweisen?
Noch einmal ein Blick in die Kirchenordnung der EKHN: „Die Kirchenvorsteher sollen für den Pfarrer und alle mit besonderen Diensten in der Gemeinde beauftragten Männer und Frauen beten und sie mit Gottes Wort trösten und stärken, mahnen und warnen. Ebenso sollen sie für die Gemeinde im ganzen wie für ihre einzelnen Glieder beten und ihr zum Leben unter Gottes Wort durch ein gutes Vorbild, durch brüderliche Tröstung, Mahnung und Warnung helfen" (Art 6, Abs. 2). Was hier in teilweise altfränkisch anmutender Begrifflichkeit beschrieben wird, ist eine besondere Qualität des Umgangs miteinander. Kann das näher beschrieben werden?
Eine Übertragung aus dem 1. Petrusbrief gibt hier Anregungen:

> „Seid offen füreinander.
> Nehmt andere mit ihren Sorgen in euer Leben auf.
> Setzt euch füreinander ein,
> jeder mit seinen von Gott gegebenen Fähigkeiten.
> Nutzt die verschiedenen Möglichkeiten aus,
> die sich euch bieten, damit ihr

eurer Verantwortung vor Gott gerecht werdet.
Wenn ihr redet,
soll Gott selber zu Wort kommen.
Wenn euch eine Aufgabe gestellt ist,
erfüllt sie in dem Bewußtsein,
daß euch dazu die Kraft gegeben wird.
So kann Gott zur Geltung kommen
in allem, was unter uns geschieht,
durch Jesus Christus, der Liebe möglich macht.
Jetzt und immer
wird sie gültig sein und ihre Kraft erweisen."
(Nach 1 Petrus 4, aus: Studienbrief).

Mit anderen Worten:
Ich lasse mir Zeit, um mit anderen Menschen offen zu reden.
Ich höre genau zu, was den anderen bewegt.
Ich treffe, sofern es geht, keine Einzelentscheidungen, sondern arbeite mit anderen zusammen.
Ich nehme andere wichtig, ich rechne mit anderen.
Ich kenne meine Stärken und Schwächen und tue nicht so, als könnte ich alles.
Ich bin mit Urteilen zurückhaltend, zuerst will ich den anderen verstehen.
Ich fordere von anderen nur das, was ich selbst auch geben kann.
Ich stehe nicht unter Leistungs- und Erfolgszwang, da ich weiß, daß nicht alles machbar ist, daß ich nicht alles machen kann.
Ich gebe statt dessen mir selbst und anderen Zeit und Raum zum Wachsen.
Ich weiß, was ich will, aber ich stülpe es anderen nicht über.
Ich kann mit anderen durchaus in eine harte Auseinandersetzung gehen, ich weiche Konflikten nicht aus, aber trotzdem achte ich die Persönlichkeit des anderen.

Die hier skizzierte Grundhaltung wird oft mit dem Begriff der „Geistlichen Gemeindeleitung" belegt. „Geistliche Gemeindeleitung" meint also einen besonderen Leitungsstil. Zur näheren Beschreibung dieses Leitungsstils geben wir Ihnen jetzt noch weitere Impulse und zwar in „Wir"-Formulierungen, da Gemeindeleitung durch eine Gruppe, ein Gremium ausgeübt wird. Diese Sätze finden Sie auf den beiden folgenden Seiten.

Wir hinterfragen Abhängigkeiten.	Wir finden den Punkt, an dem andere ebenso betroffen oder bedürftig sind wie wir.	Wir nehmen möglichst am Gemeindeleben teil.
Wir achten darauf, daß Bildungsunterschiede durch entsprechende Themen- und Fragestellungen und die von uns gewählte Sprache weniger belastend sind.	Wir achten darauf, daß jede/r seine Gaben und Fähigkeiten in den Pfarrgemeinderat bzw. Kirchenvorstand einbringen kann.	Wir lassen uns Zeit, über die gemeinsame Tradition und den persönlichen Glauben nachzudenken und zu sprechen.
Wir tolerieren die anderen, sind gelassen und haben Humor.	Wir gehen offen, kritisch und unverkrampft mit Macht und Machtstrukturen um.	Wir verabreden Spielregeln des Umgangs miteinander und halten uns daran.
Wir hören einander zu.	Wir respektieren unterschiedliche Frömmigkeitshaltungen.	Wir fällen über andere keine Urteile.

Wir haben unterschiedliche Standpunkte, trotzdem sind wir eine Gemeinschaft.	Wir können ganz frei über persönliche Beweggründe für unsere Mitarbeit und bei einzelnen Entscheidungen sprechen.	Wir haben schon gemeinsame spirituelle Erfahrungen gemacht.
Wir wissen: Es gibt Konflikte, und wir gehen mit ihnen offen, ehrlich und phantasievoll um.	Wir spüren Gaben und Fähigkeiten in der Gemeinde auf.	Wir unterrichten die Gemeinde über unsere Arbeit.
Wir sprechen mit Betroffenen, seien es Gemeindemitglieder, MitarbeiterInnen oder andere.	Wir verbergen uns nicht hinter „Man“- oder „Christen sollen“-Formulierungen, wir sprechen von uns selbst, von dem, was uns Angst und Freude macht.	Wir sind uns bewußt, daß jede Aufgabe im Kirchenvorstand/ Pfarrgemeinderat und in der Gemeinde wichtig ist, daß es keine Wertunterschiede gibt.
Wir delegieren in unserem Gremium Aufgaben und nehmen sie verantwortlich wahr.	Wir sind bereit, überkommene Rollen kritisch zu prüfen und zu verändern.	Wir wissen: Es gibt verschiedene Gaben und Begabungen, die aber alle einen gemeinsamen Ursprung haben.

Wir können uns vorstellen, daß Sie nun ganz erschlagen sind „O Gott, all das sollen wir tun und beachten!?" Ja und Nein.
Ja: Gemeindeleitung ist nun einmal eine verantwortungsvolle Tätigkeit, das herunterzuspielen wäre falsch. Genau darin liegt ja auch ihr Reiz.
Nein: Das ist kein Leistungsprogramm, das abgehakt werden kann, das ist keine „Leitungscheckliste".
In dem, was wir Ihnen vorstellen, geht es um eine Grundhaltung, von der aus Leitung ausgeübt wird. Niemand ist darin perfekt, immer wieder fällen wir (Vor-)Urteile, werten wir das ab, was andere tun, hören nicht zu, nehmen uns wichtiger als andere und und und ...
Aber: Wir können allein und gemeinsam in diese Grundhaltung hineinwachsen, wenn wir die Mitarbeit im Pfarrgemeinderat und Kirchenvorstand als eine Chance zum Lernen begreifen. Wie das geschehen kann, ist Thema des Buches. Für das gemeinsame Lernen ist der Austausch untereinander ganz wichtig. Und da wir Ihnen nichts „vorsetzen" wollen, das Sie einfach und unkritisch „schlucken" sollen, geben wir Ihnen jetzt eine Anregung, wie Sie mit den „Wir"-Sätzen arbeiten können.

Vorbereitung:
Umfaßt Ihr Gremium mehr als acht Personen, dann schlagen wir Ihnen folgendes Verfahren vor: Die „Wir"-Sätze werden auf einzelne Zettel geschrieben (Sie können die Seiten auch kopieren, vielleicht noch vergrößern, und dann ausschneiden) und entsprechend vervielfältigt, so daß dann jede Kleingruppe einen kompletten Satz mit 24 Blättern hat. Für das Plenum benötigen Sie dann noch drei Blätter mit den Aufschriften „Trifft zu", „Trifft nicht zu" und „Unentschieden". – Ist die Gruppe kleiner, dann übertragen Sie die Sätze auf DIN A4-Blätter. Zusätzlich werden drei Blätter mit den Aufschriften „Trifft zu", „Trifft nicht zu" und „Unentschieden" angefertigt.

Ablauf: (Bei größeren Gruppen:)
Bilden Sie kleine Arbeitsgruppen von drei/vier Personen; jede Gruppe erhält einen kompletten Satz mit den 24 „Wir"-Sätzen. Die Behauptungen werden nacheinander vorgelesen (die Reihenfolge ist beliebig). Es wird jeweils gefragt: „Trifft diese Behauptung auf uns zu?" oder „Trifft sie auf uns nicht zu?" Die Kleingruppe bespricht die Behauptung und entscheidet, ob der Satz für den Kirchenvorstand/Pfarrgemeinderat zutrifft oder nicht. Die Zettel werden entsprechend sortiert. Nur wenn es gar nicht anders geht, wird noch ein dritter Stapel angelegt: „Unentschieden". Zum Schluß hat jede Kleingruppe drei Stapel „Trifft zu", „Trifft nicht zu", „Unentschieden".

Nach dieser Phase in den Kleingruppen kommen alle zusammen. Die drei Blätter mit den Aufschriften „Trifft zu", „Trifft nicht zu" und „Unentschieden" werden ausgelegt. Die Kleingruppen ordnen ihre Zettel nun entsprechend zu. – Sie werden feststellen, daß die Behauptungen teilweise unterschiedlich zugeordnet werden. Die Kleingruppen begründen nun im großen Kreis ihre Entscheidungen.

(Bei kleinen Gruppen:) Die drei Blätter mit der Beschriftung „Trifft zu", „Trifft nicht zu" und „Unentschieden" werden an der Wand aufgehängt. Es werden die 24 Behauptungen nacheinander vorgelesen und jeweils gemeinsam diskutiert und entschieden, in welche Rubrik sie gehören.

Zum Abschluß (sowohl in den größeren wie auch in den kleineren Gruppen) sollten die wichtigsten Einsichten festgehalten werden:

Wo sehen wir bei uns Defizite?
Was könnte bei uns verbessert werden?
Wie könnte es verbessert werden?
Womit können wir zufrieden sein?

4.2 Leitung als Dienst

Keine Organisation, keine Gruppe kann ohne Leitung leben, überleben. Um die jeweiligen Gruppen- bzw. Organisationsziele und -aufgaben zu erfüllen, ist es notwendig, daß entsprechende Arbeits- und Kommunikationsprozesse eingeleitet und begleitet, geplant und kontrolliert werden. Es müssen durch eine Leitung einzelne Menschen (MitarbeiterInnen), die meistens als Gruppe (Team) zusammenarbeiten, unter Berücksichtigung der jeweiligen Situation auf ein Ziel hin gelenkt werden. Das ist eine ganz allgemeine Definition von Leitung, die auch auf die Arbeit in einer Gemeinde zutrifft.

Dazu ein Beispiel:
Ein Gemeindefest ist zu organisieren. Der Pfarrgemeinderat/Kirchenvorstand entscheidet, daß es stattfindet und legt den Termin fest. Er beruft dann einen kleinen Ausschuß, der die weitere Ausführung übernimmt. Der Ausschuß nimmt eine erste, noch recht grobe Programmplanung vor. Sodann werden für die verschiedenen Stände und Aktivitäten MitarbeiterInnen gesucht, das genaue Programm wird mit ihnen gemeinsam abgesprochen, eine Terminleiste wird erstellt, Verantwortlichkeiten geklärt und in einem Protokoll festgehalten.

Es wird geprüft, ob sich vielleicht noch die eine oder andere nicht-kirchliche Einrichtung an der Gestaltung des Festes beteiligen kann (zum Beispiel ein Männergesangverein, das Rote Kreuz mit einem Notfalldienst, die örtliche Gruppe von amnesty international oder ein Zauberer).
Der Kirchenvorstand/Pfarrgemeinderat läßt sich von dem/der Vorsitzenden des Ausschusses einen Zwischenbericht vorlegen. Er überlegt dabei, wo er noch unterstützend tätig werden kann. So übernimmt es in diesem Fall der Vorsitzende des Pfarrgemeinderates/Kirchenvorstandes, mit der Polizeibehörde zu klären, ob die Straße, an der das Gemeindezentrum liegt, für die Dauer des Gemeindefestes gesperrt werden kann. Umgehend unterrichtet er dann den Ausschuß über die erteilte Genehmigung.
Unmittelbar vor Beginn des Gemeindefestes tritt der Ausschuß noch einmal zusammen: Läuft alles planmäßig? Wo sind Veränderungen notwendig (vielleicht ist jemand krank geworden)? Eine letzte Rücksprache mit den für die verschiedenen Aktivitäten Verantwortlichen findet statt.
Nach dem Gemeindefest berichtet der/die Ausschußvorsitzende im Pfarrgemeinderat/Kirchenvorstand über den Verlauf des Festes: Was kam gut an? Wo gab es Probleme/Pannen? Wieviel Leute haben an dem Fest teilgenommen? Was ist für die Planung zukünftiger Gemeindefeste zu berücksichtigen?
Soweit das Beispiel.

Der Pfarrgemeinderat/Kirchenvorstand macht hier etwas ganz Entscheidendes. Er beschließt nicht nur, daß ein Gemeindefest stattfinden soll und delegiert dann die Ausführung an den Ausschuß. Nein, er kümmert sich um den Vorbereitungsprozeß, und er nimmt die Arbeit des Ausschusses und dessen Erfahrungen ernst, indem er um eine abschließende Auswertung bittet. Er läßt den Ausschuß damit nicht allein, er unterstützt ihn da, wo es notwendig ist. Der Ausschuß weiß sich getragen, er muß nicht allein vor sich „hinwursteln". Der Pfarrgemeinderat/Kirchenvorstand gibt nicht nur Arbeit ab, er bleibt Gesprächspartner für den Ausschuß. Er leitet durch Delegation und trägt weiterhin die Gesamtverantwortung, aber nicht in einer selbstherrlichen Manier des „Macht ihr mal!". Vielmehr stellt er sich dem Ausschuß zur Verfügung, ohne ihm hineinzureden, und „dient" ihm auf diese Weise.
Im Matthäusevangelium findet sich eine ganz drastische Beschreibung eines christlichen Leitungsbegriffs: „Damals kam die Frau des Zebedäus mit ihren Söhnen zu Jesus und fiel vor ihm nieder, weil sie ihn um etwas bitten wollte. Er fragte sie: Was willst du? Sie antwortete: Versprich, daß meine beiden Söhne in deinem Reich rechts und links neben dir sitzen dürfen. Jesus erwiderte: Ihr wißt nicht, um was ihr bittet. Könnt ihr den Kelch trinken, den ich trinken

werde? Sie sagten zu ihm: Wir können es. Da antwortete er ihnen: Ihr werdet meinen Kelch trinken; doch den Platz zu meiner Rechten und zu meiner Linken habe nicht ich zu vergeben; dort werden die sitzen, für die mein Vater diese Plätze bestimmt hat. Als die zehn anderen Jünger das hörten, wurden sie sehr ärgerlich über die beiden Brüder. Da rief Jesus sie zu sich und sagte: Ihr wißt, daß die Herrscher ihre Völker unterdrücken und die Mächtigen ihre Macht über die Menschen mißbrauchen. Bei euch soll es nicht so sein, sondern wer bei euch groß sein will, der soll euer Diener sein, und wer bei euch der Erste sein will, soll euer Sklave sein. Denn auch der Menschensohn ist nicht gekommen, um sich dienen zu lassen, sondern um zu dienen und sein Leben hinzugeben als Lösegeld für viele" (Mt 20, 20-28).
Christlich verstandene Leitung ist keine herrische Machtausübung, ist keine Befehlsausgabe von oben nach unten: Ich hier oben, ihr da unten.

Jesus stellt nicht in Frage, daß es Leitung gibt, er bezweifelt nicht, daß Menschen „groß" sein dürfen und „Erste" sein wollen. Aber: Wahre Leitungsgröße zeigt sich darin, daß sie sich an denen orientiert, die geleitet werden, sie zeigt sich darin, daß sie für die Angeleiteten da ist und nicht um sich selbst kreist. So verstandene Leitung stellt MitarbeiterInnen all das zur Verfügung, was sie für ihre Arbeit benötigen, damit sie zur Zufriedenheit *aller* erledigt werden kann. Insofern hat Leitung eine stützende und unterstützende, eine dienende Funktion, die eine zugleich effektive wie menschenwürdige Arbeit ermöglicht.
Was Jesus ablehnt, ist eine autoritäre Leitung, bei der die Leitungspersönlichkeit im Mittelpunkt steht. Die der Leitung gegebene Macht darf nicht mißbraucht werden, sie soll vielmehr konstruktiv und helfend, motivierend und stärkend sein und die MitarbeiterInnen in ihrer Arbeit unterstützen. Denn das wird sich positiv auswirken: Die MitarbeiterInnen werden dadurch ermuntert, die in ihnen schlummernden Fähigkeiten und Gaben zu entfalten, sie werden freiwillig und mit Engagement ihre Aufgaben erfüllen und insofern auch wiederum anderen dienen.

4.3 Gedanken zur Leitungskultur

Bei der Ausübung von Leitung geht es immer und zwangsläufig um Macht. Und der Macht haftet in kirchlichen Kreisen oft ein Beigeschmack an: Macht wird meist tabuisiert; wer offen Macht und Einfluß anstrebt, dem begegnet man äußerst kritisch. Reale Machtverhältnisse werden immer wieder durch die Rede von der Brüderlichkeit und Geschwisterlichkeit, durch die Rede von der

Gemeinschaft kaschiert. Es führt aber zu nichts, das Phänomen der Macht, das Streben nach Dominanz, das wohl in jedem Menschen vorhanden und wirksam ist, zu leugnen. Durch die Hintertür kommt die Macht immer wieder herein und beeinflußt das Handeln. Macht ist zunächst weder gut noch böse. Dennoch ist der Begriff „Macht“ oft negativ besetzt und löst bei vielen ungute Gefühle, möglicherweise sogar Angst aus. Dahinter stehen vielfältige bedrohliche Erfahrungen mit Macht, Ohn-Machtserfahrungen, Erfahrungen von Beschränkungen, die oft als von „oben“ kommend erlebt werden.

Erst im praktischen Vollzug erfährt Macht ihre sittliche Bedeutung. Wird Macht dazu genutzt, die Menschenrechte zu fördern, dann ist ihre Ausübung zu bejahen, zielt sie auf das Gegenteil, dann ist sie von Übel.

Erst im „Wie“ und „Wozu“ entscheidet sich die Qualität der Machtausübung. In der zitierten Passage aus dem Matthäusevangelium macht Jesus eine eindeutige Aussage über das „Wie“ und das „Wozu“. Im folgenden beschreiben wir näher, welche Qualitäten Leitung haben sollte, um dem Anspruch Jesu zu genügen.

Macht wird gemeinhin als die Möglichkeit definiert, in einer sozialen Beziehung seinen Willen auch gegen Widerstände anderer durchzusetzen. Wenn ich anderen sagen kann, was sie tun oder nicht tun sollen, dann übe ich Macht aus. Schreibe ich anderen dabei bis in alle Feinheiten vor, wie sie Aufträge auszuführen haben, dann ist der Machtbereich recht groß. Diese Betrachtungsweise ist *personenzentriert*, sie nimmt denjenigen in den Blick, der die Macht innehat. Wechsle ich jetzt aber den Standpunkt und betrachte das Machtphänomen unter dem Gesichtspunkt der *Sache*, um die es ja auch immer geht, dann kann ich Macht auch anders, viel dynamischer verstehen.

Macht ist dann – genauso wie die Liebe – ein scheinbar paradoxes Geschehen. Über die Liebe sagt Ricarda Huch: „Liebe ist das einzige, das wächst, wenn man es verschwendet.“ Nicht anders verhält es sich auch mit der Macht. Nur wer Macht und Einfluß abgibt, um eine Sache dadurch besser betreiben zu können, wird erfahren, daß er zu einem Mehr an Macht und Einfluß gelangt. Dieses „Mehr“ ist also sachorientiert.

Macht ist dann eben keine Torte, die kleiner wird, wenn man einige Stücke herausschneidet und an andere abgibt. Die Macht, wie auch die Liebe, gestaltet eine Beziehung, gibt einer Beziehung eine besondere Dynamik. Die vorhandenen menschlichen Potentiale werden durch ein gegenseitiges Geben und Nehmen entwickelt und wachsen auf diese Weise. Sie wachsen bei denen, die Leitungsmacht haben, und bei denen, die angeleitet werden. Im besten Fall wächst bei *allen* ein Gefühl an Macht und Stärke. Das ist allerdings nur möglich, wenn sich Leitende und Angeleitete einer Sache verschrieben haben. Erst das

gemeinsame Interesse kann diesen Prozeß auslösen. Dies ist zugleich auch das kritische Korrektiv:
Besteht ein gemeinsames Interesse? Sind die Angeleiteten von ihrer Kompetenz und ihrem inneren Engagement her in der Lage, Macht zu übernehmen? Oder sind sie möglicherweise überfordert?
Diejenigen, die Macht abgeben könnten, müssen sich ehrlich Rechenschaft darüber ablegen, ob sie wirklich die Macht als ein auf ihre Person zentriertes Geschehen verringern wollen. Sie müssen sich fragen, inwieweit sie personenzentrierte Macht benötigen, um sich gut und wichtig zu fühlen.
Leitungskultur, so wie wir sie verstehen, berücksichtigt zwei gleichwertige Aspekte: Es geht um eine Sache und es geht um Menschen, die an dieser Sache arbeiten; es geht um eine *Aufgabe* und um die Beziehung der *Personen* zueinander, die diese Aufgabe zu lösen haben. Hier gibt es viele wechselseitige Beziehungen.

Welche Grundregeln sind nun aber zu beachten, damit es zu diesem dynamischen und wechselseitigen Geschehen kommen kann?

In dem Beispiel „Gemeindefest" hat der Pfarrgemeinderat/Kirchenvorstand dem Ausschuß einen klar umrissenen Auftrag erteilt, er hat ein *klares Ziel* formuliert:
- das Gemeindefest vorbereiten,
- ein Programm entwickeln,
- alle erforderlichen Absprachen treffen,
- kontrollieren, ob die Absprachen eingehalten werden,
- den Verlauf des Festes begleiten und
- einen Abschlußbericht vorlegen.

Er hat ihm also seine Erwartungen eindeutig und unmißverständlich mitgeteilt. Der Ausschuß weiß also genau, was von ihm erwartet wird: Er trägt damit auch die Verantwortung für das Gelingen des Festes. Der Pfarrgemeinderat/Kirchenvorstand hat weiter darauf geachtet, daß die Kompetenzen in bezug auf das Gemeindefest ausschließlich beim Ausschuß liegen. Den an den Pfarrgemeinderat/Kirchenvorstand herangetragenen Wunsch der Dritte-Welt-Gruppe, ein Theaterprogramm zu veranstalten, hat er freundlich zur Kenntnis genommen, aber an den Ausschuß weitergegeben. Er hat sich somit gehütet, unklare Strukturen zu etablieren: Verantwortlich ist der Ausschuß, die Gesamtkoordination liegt bei ihm.
Der Pfarrgemeinderat/Kirchenvorstand kann darauf vertrauen, daß durch die eindeutige Aufgabenstellung der Ausschuß seine Arbeitsenergie sehr zielgerichtet einsetzen wird. Daß sich das gemeindeleitende Gremium nicht in die Planungen einmischt, ist ein weiteres motivierendes Element für den Ausschuß, gute Arbeit zu leisten.

Was der Pfarrgemeinderat/Kirchenvorstand weiter getan hat: Er hat dem Ausschuß *klare Befugnisse* eingeräumt:
Der Ausschuß ist verantwortlich für das Programm, für die Konzeption des Gemeindefestes, er trifft Absprachen mit all denen, die sich beteiligen wollen, er kann von sich aus auf Personen und Gruppierungen zugehen, um sie zur Mitarbeit einzuladen, er kann auch Veränderungen des einmal erstellten Programms vornehmen.
Die Idee, das Gemeindefest auch auf die Straße auszuweiten (bislang fand es nur auf dem Gelände hinter dem Gemeindezentrum statt), war neu. Deshalb konnte der Ausschuß auch nicht die Befugnis haben, das Anliegen mit der Straßenverkehrsbehörde zu klären. Da der Ausschuß den Pfarrgemeinderat/Kirchenvorstand mit seinem ausdrücklichen Wunsch, das Gemeindefest auf diese Weise öffentlicher zu machen und den Zugang für kirchlich nicht gebundene Menschen zu erleichtern, überzeugen konnte, hatte sich der

Pfarrgemeinderat/Kirchenvorstand das Anliegen zu eigen gemacht und seinen Vorsitzenden beauftragt, eine entsprechende Erlaubnis einzuholen. Mit dieser Maßnahme stellte er sich ganz bewußt hinter den Ausschuß und die von ihm neu entwickelte Konzeption des Gemeindefestes, ihm ein Stadtteilfest-Image zu verleihen.
Da dem Ausschuß klare Kompetenzen gegeben waren, war er frei, neue Ideen zu entfalten. Er war nicht dadurch blockiert, ständig darüber zu sinnieren, was er darf und nicht darf.
Im Zusammenhang mit der Auswertung des Gemeindefestes beschloß der Pfarrgemeinderat/Kirchenvorstand übrigens, daß bei zukünftigen Festen der Ausschuß selbst mit der Straßenverkehrsbehörde verhandeln darf.
Der Pfarrgemeinderat/Kirchenvorstand hat in diesem Punkt auch wieder klar definierte Macht abgegeben, er hat den Ausschuß ermächtigt, das Gemeindefest in großer Selbständigkeit zu planen und zu gestalten, was mit der Entwicklung einer neuen Konzeption „belohnt" wurde.

Durch die klaren Zielvorgaben und die erteilten Befugnisse zeigt der Pfarrgemeinderat/Kirchenvorstand, daß er dem Ausschuß *Vertrauen* entgegenbringt. Er stärkt damit das *Selbst*vertrauen der Ausschußmitglieder und ermutigt sie so, ihre Energien und ihre Phantasie zu entfalten. Ohne eine vertrauensvolle Beziehung zwischen Leitung und Mitarbeiterschaft kommt es zu keinen optimalen Leistungen. Eine Atmosphäre des Mißtrauens bindet Energien, da MitarbeiterInnen ständig unter einem Rechtfertigungsdruck stehen. Mißtrauen löst Selbstzweifel und Ängste aus und behindert Kreativität und Phantasie, blockiert die Freude an der Arbeit und den Leistungswillen.
MitarbeiterInnen soll allerdings auch kein „blindes" Vertrauen entgegengebracht werden. Das Vertrauen muß wach und kritisch sein. Es reflektiert beispielsweise die Fähigkeiten der MitarbeiterInnen: Das sich in den erteilten Aufträgen und Befugnissen widerspiegelnde Vertrauen darf nicht zu einer Überforderung führen. Das würde nicht nur der Arbeit, sondern auch den MitarbeiterInnen schaden.
Die dienende Funktion des Pfarrgemeinderates/Kirchenvorstandes besteht in unserem Beispiel darin, daß er genau abschätzt, ob die personelle Zusammensetzung des Ausschusses eine erfolgreiche Vorbereitung und Durchführung des Gemeindefestes ermöglicht.

In Kapitel 4.1 lag ein wichtiger Akzent auf dem Umgangston innerhalb eines Leitungsteams, innerhalb eines Kirchenvorstandes/Pfarrgemeinderates. Wir denken, daß ein offener und kommunikativer, ein auseinandersetzungs- und konfliktfreudiger interner Arbeits- und Leitungsstil auch auf die übrige Gemeindearbeit ausstrahlt. Insofern sollte die Gemeindeleitung *Vorbild sein.* Wenn Ausschußmitglieder im Pfarrgemeinderat/Kirchenvorstand erleben, daß ihr Vorschlag, das Gemeindefest so weit es geht, in die Öffentlichkeit zu tragen, kontrovers und kritisch und ohne persönliche Animositäten diskutiert wird, wobei auch über Gefühle gesprochen wird, die diese Neuerung bei den Pfarrgemeinderats-/Kirchenvorstandsmitgliedern auslöst, dann wird das sicher auch die Gespräche im Ausschuß beleben. Ein mißtrauischer, von schnellem Gekränktsein geprägter, neuen Ideen gegenüber verschlossener und scheinbar nur sachlicher Diskussionsstil dagegen wirkt eher entmutigend und bremsend. Es ist wenig wirkungsvoll und überzeugend, wenn ein Pfarrgemeinderat/Kirchenvorstand, in dem unterschwellige Aggressionen mit Händen zu fassen sind, in dem nur mit heruntergeklappten Visier miteinander umgegangen wird, seine MitarbeiterInnen zu einem offenen und vertrauensvollen Verhalten auffordert. Das sind dann nur leere Worte. Wird das aber von ihm praktiziert und modellhaft vorgelebt, dann kann es auch von den MitarbeiterInnen verlangt werden. Es ist dann authentisch. Ein/e Vorsitzende/r ist an dieser Stelle natürlich in besonderem Maße gefordert (siehe dazu Gäde/Listing).

An dem Gemeindefest haben natürlich auch Mitglieder des Pfarrgemeinderates/Kirchenvorstandes teilgenommen, andere waren die ganze Zeit dabei, einige nur für eine oder zwei Stunden. Da ihnen das Gemeindefest ein wichtiges Anliegen ist, es ist traditionell ein Höhepunkt im Leben der Gemeinde, werden sie besonders aufmerksam das Geschehen verfolgt haben. Bei der Auswertung des Festes mit dem Abschlußbericht des/der Ausschußvorsitzenden bringen sie auch ihre Eindrücke mit ein. *Rückmeldung, Feed back geben* und damit eine *Orientierung vermitteln*, darauf haben Mitarbeiterinnen und Mitarbeiter ein Anrecht.
Als besonders gelungen wurde die erstmals erprobte Gestaltung des Gottesdienstes als Agapefeier, die zum gemeinsamen Mittagessen führte, angesehen. Diese Form sei auf großes Interesse gestoßen. Auch die Darbietungen des Kindergartens seien gut angekommen. Ein Höhepunkt sei ohne Zweifel auch der Auftritt einer Jongleurin und Zauberin gewesen, die Alt und Jung in ihren Bann gezogen habe. Kritisch wurde dagegen angemerkt, daß der Dia-Vortrag über die indische Partnergemeinde erheblich länger gedauert habe als vorgesehen. Das Theaterstück der Dritte-Welt-Gruppe habe deshalb nicht die ihm gebührende Aufmerksamkeit erfahren können. Im ganzen sei es ein gelungenes, abwechslungsreiches und lebendiges Gemeindefest gewesen. Worauf in Zukunft noch stärker geachtet werden müsse, sei die zeitliche Abfolge der einzelnen Teile, auch die Pausen

müßten großzügiger bemessen sein. Dann kam noch zur Sprache, daß einige Anwohner der Straße, in der das Gemeindefest stattgefunden hatte, über die Sperrung nicht ausreichend informiert gewesen waren. Die Halteverbotsschilder der Polizei wurden nicht richtig wahrgenommen. Bei zukünftigen Gemeindefesten, die auch wieder auf der Straße stattfinden werden (das wurde von dem Pfarrgemeinderat/Kirchenvorstand ausdrücklich gewünscht), muß die Öffentlichkeitsarbeit noch verbessert werden (zum Beispiel mit Handzetteln für alle Haushalte). Sowohl der Abschlußbericht wie auch die wichtigsten Eindrücke aus dem Pfarrgemeinderat/Kirchenvorstand samt den Verbesserungsvorschlägen wurden in das Protokoll aufgenommen. Dieser Teil des Protokolls wurde dann noch allen Ausschußmitgliedern zur Verfügung gestellt.
Durch die mündlichen wie schriftlichen Rückmeldungen weiß der Ausschuß nun, wie gut seine Arbeit war und wo noch Verbesserungsmöglichkeiten liegen. Damit werden die Ausschußmitglieder aufgebaut und möglicherweise auch dazu motiviert, im nächsten Jahr wieder an der Gestaltung des Gemeindefestes mitzuwirken.
Feedback gibt Orientierung über die eigenen Stärken und Schwächen, über Erfolge und Änderungs- sowie Verbesserungsmöglichkeiten der eigenen Leistung.
Bekommen MitarbeiterInnen kein Feedback, dann fühlen sie sich nicht beachtet und unsicher, sie fühlen sich unterbewertet und bekommen Zweifel bezüglich ihrer Leistungsfähigkeit. Fehlendes Feedback wirkt auf Dauer demotivierend. Ein Pfarrgemeinderat/Kirchenvorstand ist es den MitarbeiterInnen schuldig, ihnen über ihr Engagement Feedback zu geben, MitarbeiterInnen haben einen Anspruch auf diesen Dienst durch das gemeindliche Leitungsgremium.

Eng mit dem Feedback verbunden ist die *Anerkennung* guter Leistungen. Sie stärkt die Selbstachtung und das Selbstwertgefühl und spornt MitarbeiterInnen zu weiteren guten Leistungen an. Anerkennung ist für das Leben genauso wichtig wie Essen und Trinken. Wir alle benötigen unser ganzes Leben lang Anerkennung und Bestätigung, wir wollen ernst- und wahrgenommen werden. Das trifft für den Privatbereich, den Beruf wie auch für ehrenamtlich ausgeübte Tätigkeiten zu.
Anerkennung ist wichtig für den einzelnen wie auch für Gruppen und Teams. Eine Arbeitsgruppe, die Anerkennung erfährt, wird in ihrem Teamgeist gestärkt, was sich wiederum günstig auf die Arbeitsfähigkeit der Gruppe auswirkt. Die Beschäftigung des Kirchenvorstandes/Pfarrgemeinderates mit der Arbeit des Ausschusses ist eine Form der Anerkennung: Der Ausschuß wird ernstgenommen. Seine Mitarbeit wird nicht als Selbstverständlichkeit gewer-

tet, auf die erst dann geachtet wird, wenn etwas schief geht, was eine leider oft geübte Praxis in den Gemeinden ist.
Welche Anerkennung der Ausschußarbeit ist noch möglich?
Bei der Eröffnung des Gemeindefestes durch den Pfarrgemeinderats-/Kirchenvorstands-Vorsitzenden wird dem Ausschuß für seine Arbeit gedankt. Eine weitere Möglichkeit des Dankes: Im nächsten Gemeindebrief erscheint ein Bericht über das Gemeindefest. Dabei wird auch die Arbeit des Ausschusses erwähnt. Wichtig: Es werden alle Mitglieder des Ausschusses namentlich genannt. Der nächste reguläre Gottesdienst wird genutzt, um die gelungene Arbeit des Ausschusses zu würdigen. Im Jahresbericht des Pfarrgemeinderates/Kirchenvorstandes wird auf das Gemeindefest und die wichtige Funktion des Ausschusses (auch wieder mit allen Namen) eingegangen. Denkbar wäre auch, daß die Ausschußmitglieder noch ein kleines Geschenk als Dankeschön bekommen.
Für hauptberufliche MitarbeiterInnen stehen noch die Anerkennungsinstrumente der Beförderung, der Erweiterung von Befugnissen und Gehaltserhöhungen zur Verfügung. Die Spielräume für diese Formen der Anerkennung sind natürlich in den Kirchen mit ihrer an den Öffentlichen Dienst angelehnten Gehaltsstruktur enger als in der freien Wirtschaft. Wenn MitarbeiterInnen aber dauerhaft überdurchschnittliche Leistungen erbringen, sollte dennoch versucht werden, durch entsprechende Veränderungen der Tätigkeitsmerkmale und der Befugnisse zu einer Höhergruppierung zu kommen. Phantasie und eine gewisse Hartnäckigkeit sind dazu allerdings notwendig, da solche Vorstöße sonst von der zuständigen Bürokratie schnell abgewürgt werden.

Wenn MitarbeiterInnen mit der Angst leben müssen, keine Fehler machen zu dürfen, hat das folgenreiche Konsequenzen: Sie werden kein Risiko eingehen, es wird nur das gemacht, was sich bewährt hat, das Interesse an Innovationen wird erlahmen, Phantasie und Kreativität werden verkümmern, die Einrichtung, in der sie tätig sind, wird in solch einem Klima auf Dauer erstarren.
Eine Gemeinde wird in ihren Arbeitsfeldern und als ganze nur dann wachsen, wenn auch die MitarbeiterInnen wachsen dürfen und ihr Potential, ihre Gaben, voll entfalten können. Spüren sie aber einen ausgesprochenen oder unausgesprochenen Erwartungsdruck zu fehlerfreier Perfektion in ihrer Arbeit, dann wird das nicht eintreten.
Es ist eine Platitüde: Niemand ist fehlerfrei. Das sollte aber nicht bedauert, sondern als Chance zur Weiterentwicklung genutzt werden. Ohne das Verfahren von Versuch und Irrtum (trial and error) gibt es keine Entwicklung, keinen Fortschritt. Thomas Edison hatte 147 erfolglose Versuche hinter sich, ehe er die

Glühbirne erfand. Weder Willy Brandt noch Abraham Lincoln wurden auf Anhieb Bundeskanzler der Bundesrepublik Deutschland beziehungsweise Präsident der Vereinigten Staaten von Amerika. Also: *Fehler und Rückschläge erlauben.* Sie ermöglichen eine angstfreie Atmosphäre in einer Mitarbeiterschaft und in der Beziehung zur Leitung.
Und übrigens: Auch ein Leitungsteam kann Fehler machen. Das ist keine Schande. Wichtig ist, daß es möglich ist, Fehler einzugestehen. Sie sind letztlich doch nicht zu verbergen. Es ist allemal besser, sie offen und ehrlich den Mitarbeiterinnen und Mitarbeitern zuzugeben. Auch in diesem Punkt ist vorbildhaftes Verhalten gefragt: Wie geht ein Leitungsteam mit Fehlern und Rückschlägen um? Machen sich die Teammitglieder gegenseitig fertig, oder lernen sie gemeinsam aus den Fehlern? Wenn Fehler auch in dem Leitungsteam erlaubt sind, dann gibt das MitarbeiterInnen Raum für angstfreies Handeln. Also auch hier wird die dienende Funktion von Leitung deutlich.
Wenn es zu Fehlern kommt, dann muß sich auch eine Leitung, sei es eine Person oder ein Leitungsgremium, fragen, inwieweit sie dafür mitverantwortlich ist. Hat sie sich in der Einschätzung der Fähigkeiten eines Mitarbeiters vertan und ihn vielleicht überfordert? Sind die Zielvorgaben klar genug gewesen? Sind

ausreichende Hilfsmittel zur Bewältigung der geforderten Leistung zur Verfügung gestellt worden oder nicht? Wiederholen sich Fehler allerdings trotz aller wohlmeinender Versuche, dann müssen Konsequenzen gezogen werden: Ein Aufgabenbereich ist dann unter Umständen neu zu definieren, die Befugnisse müssen überprüft werden. Zwei Faustregeln sind auf jeden Fall zu beachten:
1. Ein Mitarbeiter, der einen Fehler gemacht hat, darf nie in Gegenwart anderer zurechtgewiesen werden. Das wäre eine Demütigung, die er nicht so schnell vergessen würde. Er würde sich lächerlich gemacht fühlen und wäre demoralisiert. Im Gegensatz dazu: Lob soll öffentlich geschehen.
2. Genauso schädlich ist es, einen Mitarbeiter aufgebracht und unkontrolliert „zur Brust“ zu nehmen. Kritik und Tadel sind sehr überlegt und mit Takt auszusprechen. Das heißt nicht, Gefühle zu unterdrücken. Ärger kann selbstverständlich in Worte gefaßt werden, aber eben kontrolliert.
Besser ist es jedenfalls, Fehler als Chance zum Lernen und zur Weiterentwicklung anzusprechen. So hat es der Pfarrgemeinderat/Kirchenvorstand im Beispiel gemacht. Er hat das benannt, was auf dem Gemeindefest nicht so gut gelaufen war, hat sich aber auch zugleich Gedanken gemacht, was in Zukunft verbessert werden kann.

Eine wichtige Form der Anerkennung, die oft sträflich vernachlässigt wird, ist die *Aus- und Weiterbildung* von haupt- und ehrenamtlichen Mitarbeiterinnen und Mitarbeitern. Die Bistümer und Landeskirchen haben in den letzten zwei, drei Jahrzehnten vielfältige Weiterbildungs- und Beratungseinrichtungen gegründet, auf deren Angebote die Gemeinden zurückgreifen können. Der Pfarrgemeinderat/Kirchenvorstand könnte, um bei unserem Beispiel zu bleiben, interessierte Ausschußmitglieder auf entsprechende Kurse oder Seminare einer solchen Beratungsstelle hinweisen. Eine Teilnahme von zwei oder drei Gemeindemitgliedern, die sich über kreative Gestaltungsmöglichkeiten von Gemeindefesten informieren möchten, wird selbstverständlich von der Gemeinde finanziert. Eine solche Investition zahlt sich aus: Das Selbstbewußtsein der MitarbeiterInnen wird dadurch gestärkt, sie fühlen sich kompetenter. Zukünftige Gemeindefeste werden dadurch sicherlich bereichert. Je besser MitarbeiterInnen ausgebildet sind, desto souveräner und effektiver können sie ihre Arbeit erledigen, sie werden unabhängiger und müssen sich nicht wegen jeder Kleinigkeit an ihre Vorgesetzten wenden. Aus- und Weiterbildung erhöht die Selbständigkeit und fördert das Wachstum der MitarbeiterInnen, sie werden auch auf diesem Wege ermächtigt. Denken Sie nur an das geflügelte Wort, daß Wissen Macht ist.
Finanzielle und zeitliche Investitionen in die Weiterbildung von MitarbeiterInnen

sind auch deshalb lohnend, da sie in die Lage versetzt werden, angemessener auf Veränderungen zu reagieren als solche, die vor 20 Jahren ihre Ausbildung abgeschlossen haben und seitdem nichts mehr für ihre Qualifikation getan haben. Kein Wissensbereich, keine Berufssparte stagniert, in allen Bereichen geht die Entwicklung weiter, gibt es neue Erkenntnisse. Auch die gesellschaftlichen Rahmenbedingungen wandeln sich ständig. Gut geschulte MitarbeiterInnen werden es als Erfolg erleben, wenn sie in der Lage sind, neue Erkenntnisse in ihrem Beruf zu verwenden, wenn sie auf der Höhe der Entwicklung sind. Auch die „Kunden", also die Menschen, die die Angebote der Gemeinde wahrnehmen, werden zufrieden sein, wenn sie es mit kompetenten Leuten zu tun haben. Für das Überleben einer Organisation, einer Einrichtung ist die Aus- und Weiterbildung der in ihnen Tätigen einfach unerläßlich.

Man sagt, daß wir in einem Informationszeitalter leben. Zu Recht: Wir stehen einer Flut von Informationen gegenüber, die uns Tageszeitungen, die Werbung, Rundfunk und Fernsehen, brancheninterne Informationen und Rundbriefe sowie Zeitschriften für jede erdenkliche Berufssparte vermitteln. Von den hauptberuflichen Mitarbeiterinnen und Mitarbeitern kann natürlich erwartet werden, daß sie sich gezielt um Informationen bemühen, die ihren Beruf betreffen. Aber dennoch gehört es zur Aufgabe einer Leitung, den MitarbeiterInnen rechtzeitig wichtige Informationen zu liefern, die für eine sachgemäße Erledigung der Arbeit nötig sind.
Merke: *Gezielt informieren* ist qualitätsfördernd.
Es ist zweifellos schwierig, die jeweils richtigen und wichtigen Informationen herauszufiltern. Daneben gibt es auch Blockaden, die eine Weitergabe von Informationen unterbinden. Das kann etwa die Angst sein, Macht und Einfluß zu verlieren, wenn die MitarbeiterInnen gut informiert sind. Informationen werden nicht selten als Herrschaftswissen betrachtet, die einer Leitung einen Wissens- und damit Machtvorsprung geben. Es kann auch daran liegen, daß einfach, also ohne böse Absicht, vergessen wird, Informationen weiterzugeben. Oder: Es gibt keinen organisierten Weg für Informationen, sie werden eher zufällig und unsystematisch vermittelt.

Die hier beschriebene Leitungskultur geht davon aus, daß alle, der Pfarrgemeinderat/Kirchenvorstand sowie die haupt- und ehrenamtlichen MitarbeiterInnen, an einer gemeinsamen Aufgabe arbeiten. Die Funktionen sind dabei selbstverständlich unterschiedlich. Die Gemeindeleitung ist aber ganz wesentlich damit beauftragt, die Rahmenbedingungen für die Gemeindearbeit optimal zu gestalten, damit persönliches und professionelles Wachstum mög-

lich ist, daß die Arbeit effektiv erledigt werden kann und alle MitarbeiterInnen ein Gefühl der Selbstachtung erlangen können, daß die Arbeit in größtmöglicher Freiheit und Unabhängigkeit geschehen kann und die Beziehung zwischen Leitung und Mitarbeiterschaft von Vertrauen geprägt ist.
Werden die Leitlinien zur Leitungskultur berücksichtigt, dann sind dafür die Chancen gut. Diese Leitlinien bilden eine Einheit, sie bedingen einander. Es ist nicht möglich, nur den einen oder anderen Punkt zu beachten und andere unter den Tisch fallen zu lassen. Entscheidend ist es, daß die Grundeinstellung der Leitung als auch dienende Aufgabe bejaht wird. Leitung ist nicht um ihrer selbst willen da, sie hat eine auf die zu leistende Arbeit und die MitarbeiterInnen hin ausgerichtete Funktion (mehr dazu finden Sie in Kap. 5).

4.4 Zwei praktische Übungen

4.4.1 Bestandsaufnahme: Wie wir leiten ...

Gemeindeleitung geschieht ununterbrochen. Die Pfarrerinnen und Pfarrer tun dies, die Kirchenvorstände und Pfarrgemeinderäte, auch haupt- und ehrenamtliche Mitarbeiterinnen und Mitarbeiter üben Leitung aus, sei es als formelle, offiziell eingesetzte oder gewählte Leitung oder als informelle Leitung (also nicht offiziell „abgesegnet"). Es wird ständig geplant, es werden Konzepte entwickelt; es werden etwa Bauvorhaben in die Wege geleitet und abgeschlossen, es werden MitarbeiterInnen eingestellt und entlassen. Es wird, wie auch immer, Kontrolle ausgeübt; es werden in allen Bereichen des gemeindlichen Lebens Entscheidungen gefällt. Gemeindeleitung ist, oberflächlich betrachtet, eine Routineangelegenheit. Routine ist einerseits eine gute Sache: Sie entlastet, sie bindet nur wenig Energien, sie kann Kräfte für anderes freisetzen. Andererseits: Wenn etwas zur Routine wird, dann wird es möglicherweise eher nebenher erledigt, obwohl es mehr Aufmerksamkeit verdient hätte; es können sich Fehler einschleichen, die nicht gesehen werden; es wird gewohnheitsmäßig gehandelt, ohne viel nachzudenken. Und das ist der vorherrschende Eindruck, betrachtet man den Leitungsstil in vielen Gemeinden:
Es wird geleitet, aber nur halt „irgendwie",
es wird geleitet, so wie es schon immer gehandhabt wurde,
es wird geleitet, ohne viel über Leitung nachzudenken,
es wird geleitet und darunter gelitten und darüber gestöhnt,
es wird geleitet mit einem Gefühl der Unzufriedenheit,
es wird geleitet mit viel Reibungsverlusten und ohne Überblick.

An dieser Stelle wollen wir Sie einladen, das „Alltagsphänomen Leitung“ einmal unter die Lupe zu nehmen, um sich einen ersten Überblick zu verschaffen.

1. Schritt
Listen Sie auf, wer alles in Ihrer Gemeinde Leitungsaufgaben wahrnimmt.
Zum Beispiel:
Wer leitet den Pfarrgemeinderat/Kirchenvorstand?
Wer leitet Ausschüsse/Projektgruppen?
Wer leitet die verschiedenen Kreise und Gruppen in der Gemeinde?
Legen Sie dazu zwei Spalten an: In die linke Spalte tragen Sie die Gruppen/Arbeitsbereiche ein und in die rechte Spalte die jeweiligen Namen.
Sie können das zunächst für sich als Einzelarbeit machen oder gleich gemeinsam als Gruppe. Arbeiten Sie mit einer großen Wandzeitung.

2. Schritt
Nachdem Sie in Ruhe alles gesammelt haben, analysieren Sie nun die rechte Spalte. Gibt es Personen, die mehrere Leitungsaufgaben haben? Gibt es Teamleitungen? Wo ist die Leitung unklar?

3. Schritt
Rekapitulieren Sie als nächstes, wie die genannten Personen zu den Leitungsämtern gekommen sind. Sind sie eingesetzt worden (von wem?), gewählt worden (durch wen?), berufen worden (durch wen?), oder haben sie die Leitung einfach übernommen?

4. Schritt
Vielleicht haben Sie bei der Nennung einzelner Namen gezögert: „Herr K. leitet die Gruppe, aber ... na ja.“ Überprüfen Sie dieses Zögern. Gehen Sie die rechte Spalte noch einmal durch: Leitet der oder die wirklich? Oder liegt die tatsächlich ausgeübte Leitung bei einer anderen Person, die also letzten Endes den Ton angibt, ohne die nichts läuft? Das sind die informellen Leiterinnen und Leiter. Ergänzen Sie die Liste entsprechend.

5. Schritt
In diesem Schritt geht es darum, sich klar zu machen, was alles zur Leitung gehört. Also: Aspekte von Leitung. Überlegen Sie gemeinsam, was die einzelnen in den verschiedenen Arbeitsbereichen und Gremien tun (soweit Sie es wissen). Listen Sie das auf einer neuen Wandzeitung auf.

Anschließend tragen Sie zusammen, worin *Ihre* Leitungsaufgaben als Mitglied des Pfarrgemeinderates/Kirchenvorstandes bestehen. Achten Sie darauf, daß Sie nur das nennen, was Sie auch wirklich tun (also nicht das Wünschenswerte).

6. Schritt
Der Abschluß dieser Bestandsaufnahme besteht in einer gemeinsamen kritischen Durchsicht der „Aspekte von Leitung".
Was wissen Sie als gemeindeleitendes Gremium von den in den Gemeinde wahrgenommenen Leitungsaufgaben? Wo sind Sie nach Ihrer Einschätzung gut informiert, wo weniger gut? Wo sehen Sie Defizite in der Ausübung von Leitung? Welche Leitungsaufgaben werden eher dilettantisch und wenig zufriedenstellend ausgeübt (bei den anderen wie auch bei Ihnen selbst)? Welche Stärken sehen Sie? Welche Leitungsfunktionen werden also zufriedenstellend und effektiv wahrgenommen (bei den anderen wie auch bei Ihnen)? Welche Konsequenzen sind aus der Analyse zu ziehen?

4.4.2 ...und wie wir als Leitungsgremium gesehen werden

Am Ende dieses Kapitels wollen wie Sie ermuntern, mit Ihren MitarbeiterInnen in einen Austausch darüber einzutreten, wie Sie Ihre eigene Leitungskultur einschätzen und wie sie von den MitarbeiterInnen wahrgenommen wird. Für diese Übung benötigen Sie einige Zeit (wir denken an einen ganzen Tag). Sie werden aber viel über sich selbst als Leitungsteam und Ihre Mitarbeiterinnen und Mitarbeiter erfahren.
Manche Pfarrgemeinderäte/Kirchenvorstände haben eine gute Tradition entwickelt, sich einmal im Jahr zu einer längeren Klausur zurückzuziehen. Eine solche Tagung eignet sich vorzüglich, um in Ruhe die Zusammenarbeit von Gemeindeleitung und Mitarbeiterschaft zu bedenken. Es kann eine Hilfe und eine Entlastung sein,wenn Sie sich für diese Arbeit eine Moderation von außen holen. Folgende Arbeitsgänge schlagen wir Ihnen vor:

1. Plenum
Alle TeilnehmerInnen kommen zusammen, das Verfahren und die möglichen Ziele werden vorgestellt, erläutert.

2. Arbeitsgruppen
Es arbeiten getrennt:
a) der Pfarrgemeinderat/Kirchenvorstand, b) die hauptamtlichen Mitarbei-

terInnen, und c) die ehrenamtlichen LeiterInnen der gemeindlichen Gruppen. Sollten die beiden Mitarbeitergruppen b) und c) sehr klein sein (zum Beispiel zusammen nur fünf Personen), dann bilden sie eine Gruppe. Das ist deshalb wichtig, weil so die Möglichkeit gegeben ist, anonym zu bleiben. Jetzt wird manch einer denken: „Anonym bleiben geht doch nicht, wir wollen doch offen miteinander sein." Eine mögliche Anonymität fördert aber gerade die Offenheit, da die angestellten MitarbeiterInnen, die in einer Abhängigkeit von „Kirche" stehen, keine Angst haben müssen, für ihre Offenheit und Ehrlichkeit bestraft zu werden. Für die Gruppenarbeit gilt folgende Grundregel: Was in den Gruppen besprochen wird, bleibt in den Gruppen. Ob und was die einzelnen später im Plenum über ihre persönliche Einschätzung des Verhältnisses der Leitung zu den MitarbeiterInnen mitteilen, liegt bei jeder/jedem selbst.
Im Mittelpunkt der jeweiligen Gruppenarbeit steht die Bearbeitung skalierter Vorgaben zu den neun Elementen der Leitungskultur, die Sie auf den folgenden Seiten (S. 68 - 71) finden. Die neun Vorgaben werden mit den Skalen von „0" bis „10" jeweils auf ein Plakat geschrieben. Jede/r notiert dann zunächst für sich seine neun Werte, die zwischen „0" (ganz negative Einschätzung) und „10" (sehr positive Einschätzung) liegen. Anschließend werden zu jeder der neun Vorgaben die Werte abgerufen und auf die Plakate notiert. Sie können natürlich die nächsten Seiten auch kopieren und allen zur Verfügung stellen.
Nach diesem gewissermaßen statistischen Arbeitsschritt folgt zu jedem der neun Vorgaben eine Aussprache über die abgegebenen Voten.

3.Plenum

Die Arbeitsgruppen kommen wieder zusammen. Die jeweils zusammengehörenden Plakate werden untereinander aufgehängt, damit sie gut verglichen werden können. Bevor die Einzelergebnisse diskutiert werden, sollte Zeit gelassen werden, damit sich alle die Plakate anschauen können.
Dann werden sie der Reihe nach besprochen:
Wo gibt es markante Unterschiede?
Welche Bereiche sind eher negativ, zu „0" hin tendierend, gewichtet worden?
Wo gibt es eine breite Streuung?
Wieso kommt es zu den Unterschieden?
Was sind die Ursachen?
Nach dieser Gesprächsrunde teilt sich das Plenum wieder in die genannten Arbeitsgruppen auf.

4. Arbeitsgruppen

Die Gruppen werten für sich das vorangegangene Plenum aus:
Was war uns wichtig?
Was haben wir über die anderen erfahren?
Wie sehen wir jetzt die anderen?
Welche Wünsche in bezug auf die weitere Zusammenarbeit haben wir an den Pfarrgemeinderat/Kirchenvorstand bzw. an die MitarbeiterInnen?
(Die Wünsche werden auf ein Plakat notiert.)

5. Plenum

Zum Abschluß kommen alle noch einmal zusammen. Die Ergebnisse der Gruppenarbeit werden einander mitgeteilt.
Bezüglich der Wünsche, die in einem Protokoll festzuhalten sind, könnte eine kleine Arbeitsgruppe eingesetzt werden, die Ideen und Vorschläge zur Verbesserung der Zusammenarbeit entwickelt.
Wie die Ergebnisse dieser Arbeitsgruppe dann bearbeitet werden, wird noch an *Ort und Stelle* verabredet:
Bis wann sollen die Vorschläge da sein?
Wer bekommt sie?
Wann und wie werden die Vorschläge diskutiert?
Auch diese Verabredungen werden im Protokoll festgehalten.

Für die Gruppe Pfarrgemeinderat/Kirchenvorstand:

(1)
Die durch uns formulierten Ziele sind

unklar *klar*

0 1 2 3 4 5 6 7 8 9 10

(2)
Die von uns erteilten Befugnisse sind im allgemeinen

unzureichend *angemessen*

0 1 2 3 4 5 6 7 8 9 10

(3)
Wir sind den MitarbeiterInnen gegenüber

eher mißtrauisch *eher vertrauensvoll*

0 1 2 3 4 5 6 7 8 9 10

(4)
Wir sind als gemeindeleitendes Gremium

kein Vorbild *durchaus vorbildhaft*

0 1 2 3 4 5 6 7 8 9 10

(5)

Wir geben den MitarbeiterInnen Feedback

so gut wie nie *regelmäßig*

0 1 2 3 4 5 6 7 8 9 10

(6)

Wir erkennen Einzel- und Gruppenleistungen an

eigentlich nie *regelmäßig*

0 1 2 3 4 5 6 7 8 9 10

(7)

Fehler und Rückschläge werden von uns

abgelehnt *akzeptiert*

0 1 2 3 4 5 6 7 8 9 10

(8)

Auf die Aus- und Weiterbildung der MitarbeiterInnen legen wir

keinen Wert *großen Wert*

0 1 2 3 4 5 6 7 8 9 10

(9)

MitarbeiterInnen werden durch uns

ungenügend informiert *ausreichend informiert*

0 1 2 3 4 5 6 7 8 9 10

Für die Gruppe(n) der haupt- und ehrenamtlichen MitarbeiterInnen:

(1)

Die uns vorgegebenen Ziele sind

unklar *klar*

0 1 2 3 4 5 6 7 8 9 10

(2)

Die uns erteilten Befugnisse sind im allgemeinen

unzureichend *angemessen*

0 1 2 3 4 5 6 7 8 9 10

(3)

Wir erleben den Pfarrgemeinderat/Kirchenvorstand

uns gegenüber als eher mißtrauisch *uns gegenüber als eher vertrauensvoll*

0 1 2 3 4 5 6 7 8 9 10

(4)

Für uns ist der Pfarrgemeinderat/Kirchenvorstand in seiner leitenden Funktion

kein Vorbild *durchaus vorbildhaft*

0 1 2 3 4 5 6 7 8 9 10

(5)

Wir erhalten durch den Pfarrgemeinderat/Kirchenvorstand Feedback

so gut wie nie *regelmäßig*

0 1 2 3 4 5 6 7 8 9 10

(6)

Unsere Einzel- bzw. Gruppenleistungen werden anerkannt

eigentlich nie *regelmäßig*

0 1 2 3 4 5 6 7 8 9 10

(7)

Fehler und Rückschläge unsererseits werden
vom Pfarrgemeinderat/Kirchenvorstand

sehr ungern gesehen *akzeptiert*

0 1 2 3 4 5 6 7 8 9 10

(8)

Der Pfarrgemeinderat/Kirchenvorstand legt auf
unsere Aus- und Weiterbildung

keinen Wert *großen Wert*

0 1 2 3 4 5 6 7 8 9 10

(9)

Die uns zugänglichen Informationen sind

unzureichend *ausreichend*

0 1 2 3 4 5 6 7 8 9 10

5. Kein Weg führt daran vorbei: Ihre Leitungsaufgaben

Die im folgenden beschriebenen einzelnen Leitungsaufgaben hängen alle miteinander zusammen. Wird eine von ihnen vernachlässigt, dann wirkt sich das auf alle anderen aus. Je nach Situation ist natürlich mal die eine, dann wieder eine andere wichtiger. Entscheidend ist, daß das gemeindliche Leitungsgremium grundsätzlich alle Aufgaben im Blick hat.

5.1 Probleme erkennen

Wenn etwas nicht so ist, wie es sein sollte, dann liegt ein Problem vor. Das hängt selbstverständlich eng mit den Zielvorstellungen zusammen. Wenn ich nicht weiß, was ich will, dann fällt es schwer festzustellen, ob etwas nicht so ist, wie es sein sollte. Wenn in einer Gemeinde Klagen über irgendeinen Mißstand aufkommen, dann hängt das mit Zielvorstellungen und Erwartungen von Gemeindemitgliedern zusammen, die, jedenfalls aus ihrer Sicht, nicht erfüllt werden.
Die Aufgabe eines Pfarrgemeinderates/ Kirchenvorstandes ist es, solche Defizite aufzuspüren und zu erkennen, die Ursachen zu erforschen und dann Maßnahmen zu ergreifen, einem Mangel oder Mißstand abzuhelfen. Entweder wird er dann selbst tätig oder er unterrichtet die zuständigen Mitarbeiterinnen und Mitarbeiter.
Es ist gut zu wissen, daß es verschiedene Problemtypen gibt:
Wir alle kennen
aktuelle Probleme (eine Erzieherin im Kindergarten erkrankt),
potentielle Probleme (welche langfristigen Folgen haben zum Beispiel Kirchenaustritte?)
und
innovatorische Probleme (zum Beispiel: Vorstellungen eines Pfarrgemeinderates/ Kirchenvorstandes, neue Gottesdienstformen auszuprobieren, lösen in der Gemeinde Unruhe aus).
Bei aktuellen Problemen ist zunächst unmittelbares Handeln gefordert. Damit sollte sich die Gemeindeleitung aber nicht zufriedengeben. Wenn es in dem Kindergarten immer wieder zu krankheitsbedingten „Fehlzeiten" kommt, dann muß gefragt werden, woran das liegt. Wie sind die Arbeitsbedingungen, wie sind die Arbeitszeiten geregelt, wie ist die Arbeitsatmosphäre im Kindergarten, gibt es Spannungen und Unzufriedenheit?
Vielfach vergraben sich die gemeindeleitenden Gremien – das ist eine immer

wieder zu machende Beobachtung – in die alltäglichen Aufgaben. Dabei geht der Blick für mögliche Probleme verloren. Oder: potentielle Probleme werden wohl gesehen, sie lähmen aber ein Gremium. Was können wir als einzelner Pfarrgemeinderat/Kirchenvorstand schon tun, wenn die Leute aus der Kirche austreten? Zunächst einmal wäre es gut, um bei diesem Beispiel zu bleiben, sich mit kirchensoziologischen Untersuchungen zu beschäftigen. Hier finden sich Erklärungen und Anregungen, wie damit umzugehen ist. Das alles müßte dann auf die eigene Gemeinde übertragen werden. Was müßtc sich in unserer Gemeinde ändern, daß Menschen wieder einen Zugang zu ihr finden?
Aus diesen Überlegungen könnten neue Zielvorstellungen für die Gemeindearbeit abgeleitet werden. Es werden etwa vermehrt Familiengottesdienste angeboten, die Kinderarbeit wird gezielt gefördert, dafür wird beispielsweise, da nicht alles gleichermaßen zu bewältigen ist, eine Seniorenfreizeit gestrichen. Bei solchen Veränderungen muß mit Widerständen gerechnet werden. Wie gehen wir als Kirchenvorstand/Pfarrgemeinderat mit solchen Widerständen um? Was müssen wir vorausschauend und langfristig tun, um die Gemeinde auf Veränderungsprozesse vorzubereiten?

5.2 Ziele formulieren

Die Arbeit von Pfarrgemeinderäten und Kirchenvorständen ist durch kirchliche Gesetze und Statuten geregelt. Das sind aber meist recht grobe Beschreibungen, die in ihnen formulierten Ziele haben eher einen allgemeinen Charakter. Das muß auch so sein, da kirchliche Gesetze nicht nur für den Augenblick gültig sind. Die Aufgabe der Gemeindeleitung besteht nun darin, die allgemeinen Ziele in gemeindespezifische Zielvorstellungen umzusetzen. Das ist eine ganz wesentliche Leitungsaufgabe. Wenn man nicht weiß, wohin man gehen will, kann es geschehen, daß man ganz woanders ankommt. Außerdem: Nur wenn das Ziel klar ist, können die notwendigen personellen Kräfte und finanziellen Mittel, können Phantasie und Kreativität zielgerichtet eingesetzt werden. Und schließlich: Ein klar definiertes Ziel erlaubt auch die Überprüfung, ob man das Ziel erreicht hat, erlaubt also Ergebniskontrolle.

Ziele können auf zweierlei Weise definiert werden:
Ziele können *vorgegeben* oder sie können *vereinbart* werden.
Zielvorgabe heißt: Irgend jemand setzt ein Ziel fest und benutzt dann seine Macht, daß das vorgegebene Ziel von anderen erreicht wird. Es handelt sich dann um einen Befehl oder eine Vorschrift. Mit Druck und Zwang werden dann

die meist in der Hierarchie unten Stehenden dazu gebracht, die Befehle und Vorschriften auszuführen.
Ein solches Verfahren ist in der Regel nicht dazu geeignet, Mitarbeiterinnen und Mitarbeiter zu motivieren. Die in ihnen ruhenden schöpferischen Kräfte können sich nicht entfalten, Zielvorgaben lähmen eher und erzeugen eine passive Einstellung (Dienst nach Vorschrift). Es können darüber hinaus auch Konflikte und Spannungen entstehen, da das vorgegebene Ziel abgelehnt wird, es ist nicht ihr – der Mitarbeiterinnen und Mitarbeiter – Ziel.
Im Gegensatz dazu steht die *Zielvereinbarung*. Das Verfahren ist völlig anders. Gemeinsam werden von der Leitung und den MitarbeiterInnen die Ziele gefunden und beschrieben. Es handelt sich somit um einen wechselseitigen Arbeits- und Lernprozeß, der durch Gemeinsamkeit und Integration gekennzeichnet ist. Die Ziele einer Gemeindeleitung und die Ziele von Mitarbeitern werden aufeinander abgestimmt, die Mitarbeiterinnen und Mitarbeiter, sowohl die haupt- wie auch die ehrenamtlichen, können sich mit den so gefundenen Zielen identifizieren. Es findet also eine motivierende Integration in die Gemeindearbeit statt. MitarbeiterInnen haben nun die Chance, sich frei zu entfalten, die in ihnen vorhandenen Kräfte wie Phantasie und Engagement zu entfalten. Auf diese Weise hat ein Kirchenvorstand/Pfarrgemeinderat zufriedene MitarbeiterInnen, die mit Freude und innerer Beteiligung an die Arbeit gehen.
Bei Zielvereinbarungen ist allerdings darauf zu achten, daß alle das gleiche unter den gemeinsam gefundenen Zielen verstehen und daß die Ziele erreichbar sind.

5.3 Planen

Auf der Klausurtagung eines Kirchenvorstandes, der sich mit der Frage der Leitung der Gemeinde beschäftigte, berichtete die Pfarrerin, daß sie auf ihrer letztjährigen Tagung viele Ziele formuliert hätten. Kein einziges sei aber verwirklicht worden, alles sei im Laufe der Zeit versickert. Was hatte der Kirchenvorstand versäumt? Er war bei der Zielformulierung stehengeblieben und hatte keinen Gedanken daran verschwendet, die schönen Ziele (etwa: Die Gemeinde öffnen) in planbare Schritte aufzuteilen. Es wurde vergessen, die Ziele in Handlungsschritte umzusetzen, sie zu operationalisieren.
Was eigentlich ist Planung? Es wird ein Weg zu einem Ziel gesucht und gefunden und zwar so, daß Umwege und Sackgassen vermieden werden.
Planen kann dabei grundsätzlich in zwei Formen geschehen: Es wird versucht,

ein vorgegebenes oder gemeinsam erarbeitetes Ziel mit dem geringstmöglichen Aufwand zu erreichen. Oder: Die Mittel, die zur Verwirklichung eines Zieles zur Verfügung stehen, sind vorgegeben, und es geht nun darum, unter diesen Bedingungen optimale Wege zu finden. Eine zielorientierte Planung umfaßt in der Regel drei Schritte. Wir machen es an einem Beispiel deutlich:
Eine kritische Analyse der Gemeindearbeit hatte gezeigt, daß die Öffentlichkeitsarbeit der Gemeinde zu Wünschen übrig läßt. Es wurde als Defizit festgestellt, daß es noch immer keinen Gemeindebrief gibt. Der Pfarrgemeinderat/ Kirchenvorstand beschließt daraufhin, endlich an die Verwirklichung dieser Idee zu gehen. Eine von ihm eingesetzte Projektgruppe wird beauftragt, eine entsprechende Planung vorzulegen.

1. Zunächst sammelt die Gruppe ganz unterschiedliche Vorschläge:
Gemeindebrief in eigener Regie,
ökumenischer Gemeindebrief zuammen mit der Nachbargemeinde,
eine Seite in der Lokalzeitung.
Die weiteren Überlegungen drehen sich um die folgenden Fragen:
Wer könnte den Druck übernehmen?
Was darf der Gemeindebrief kosten?
Soll er kostenlos abgegeben werden, oder soll er abonniert werden?
Wer könnte die Redaktion übernehmen?
Welche Inhalte sollte der Gemeindebrief haben?
Welches Format ist sinnvoll?
In welchem Turnus sollte er erscheinen?
In diesem ersten Schritt werden also verschiedene Wege zusammengetragen, und das zu lösende Problem wird „aufgedröselt“, damit nicht Wichtiges vergessen wird.

2. Um diese Fragen jetzt beantworten zu können, müssen in einem zweiten Schritt Informationen eingeholt werden.
Etwa: Wäre die Lokalzeitung überhaupt bereit, in regelmäßigen Abständen der Gemeinde eine Seite zur Verfügung zu stellen?
Gibt es vielleicht schon Gemeindebriefüberlegungen in der Nachbargemeinde?
Es werden Kostenvoranschläge von einigen Druckereien eingeholt (aufgegliedert nach Auflagenhöhe, unterschiedlichem Umfang und Format).
Der finanzielle Rahmen wird geklärt.

3. Nach dieser Phase der Informationssammlung werden nun die unrealistischen Möglichkeiten und Alternativen ausgeschieden.

Die Lokalzeitung ist grundsätzlich nicht bereit, den Gemeinden eine Seite im redaktionellen Teil zur Verfügung zu stellen (Anzeigen würden dagegen genommen werden);
die Druckkosten für einen Gemeindebrief, der mehr als zwölf Seiten im DIN A5-Format umfaßt und dessen Auflage höher als 1.500 Stück wäre, sind zu hoch;
da andererseits die evangelische bzw. katholische Nachbargemeinde an einem ökumenischen Gemeindebrief Interesse zeigt, würde der Spielraum wieder größer ...

Das also sind die drei wichtigsten Planungsschritte:
1. Viele unterschiedliche Wege zum Ziel suchen,
2. fundierte Informationen einholen und
3. unrealistische Möglichkeiten ausscheiden.

Es kann nun sein, daß am Ende eines Planungsprozesses nicht ein Weg allein übrigbleibt, sondern zwei oder auch drei Wege mit jeweils eigenen Vor- und Nachteilen.
Die Projektgruppe kann nun ihrem Auftraggeber die verschiedenen Modelle vorstellen, sie kann auch eine begründete Empfehlung aussprechen, entscheiden allerdings kann sie nicht, das war nicht ihre Aufgabe.
Ihre Aufgabe bestand in dem Beispiel also darin, dem Pfarrgemeinderat bzw. Kirchenvorstand durch eine gründliche Planung eine Entscheidungsgrundlage zu verschaffen.

5.4 Entscheiden

Mit einer Entscheidung wird der Planungsprozeß abgeschlossen, indem aus den verbliebenen Lösungsmöglichkeiten die beste ausgewählt wird.
Eine Lösung ist dann gut, wenn sie sich an den Vorgaben orientiert („Muß-Ziele"; etwa: „Der Gemeindebrief darf nicht mehr kosten als ...") und zugleich auch „Wunsch-Ziele" enthält („Der Gemeindebrief soll professionell gestaltet sein").
Entscheidungen zu treffen ist nahezu das Lebenselixier von Leitungsgremien. Kirchenvorstände und Pfarrgemeinderäte entscheiden immer und immer wieder. Sie entscheiden Wichtiges und Weitreichendes aber auch Nebensächliches. Besonders bei wichtigen und kontrovers diskutierten Entscheidungen sollte die Regel beherzigt werden: *Nicht unter Druck entscheiden!*
In solchen Fällen ist es besser, das anstehende Thema nach einer angemessenen Frist (erst noch einmal darüber schlafen!) nochmals zu behandeln (2. Lesung). Solch eine Pause kann dazu beitragen, daß alle gelassener und sachlicher reagieren. Um zu verhindern, daß bei einer 2. Lesung die alte, bereits einmal geführte Diskussion sich nur wiederholt, sollte zu Beginn der zweiten Diskussionsrunde der Stand der Dinge und das Ziel der neuen Beratung dargestellt werden.
Die Entscheidung selbst braucht nicht viel Zeit, sofern die Entscheidungsspielregeln bekannt und akzeptiert sind.
So gibt es die *Mehrheitsentscheidung*. Es wird abgestimmt und die Stimmen gezählt. Je nach Verfahrensweise entscheidet die einfache Mehrheit oder die Zweidrittelmehrheit. Kirchliche Leitungsgremien haben damit oft ihre Probleme, da es Gewinner und Verlierer gibt, was man vermeiden möchte.
Ein anderes Entscheidungsverfahren ist der *Konsens*. Entschieden wird erst, wenn alle einer Meinung sind. Hier wird lange miteinander gerungen, es müssen Kompromisse (oft auch „faule") gefunden werden; manchmal unterbleibt eine Entscheidung. So gut das gemeinsame Arbeiten an einer Entscheidung ist, so gefährlich kann der damit einhergehende Harmoniedruck sein.
Eine in der Hierarchie höher stehende Person oder ein entsprechendes Gremium kann, auch das ist eine Entscheidungsform, von ihrem *Vetorecht* Gebrauch machen und eine von einer Gruppe getroffene Entscheidung ablehnen. Damit wird allerdings deutlich, daß die Gruppe in Wirklichkeit nur ein Vorschlagsrecht hat. Der Gruppenvorschlag wird erst dann zur Entscheidung, wenn „von oben" kein Veto eingelegt wird.

5.5 Delegieren

Durch Delegation werden Aufgaben „übertragen". Eine einzelne Führungskraft wie ein Leitungsgremium kann *Aufgaben* delegieren, verbunden mit den notwendigen *Befugnissen* (Kompetenz) und der entsprechenden *Verantwortung* (siehe dazu auch Kap. 4.3). Diese drei Faktoren müssen in einem ausgewogenen Verhältnis stehen. Eine Delegation wird zur Farce, wenn ein Mitarbeiter wohl die Aufgabe, nicht aber die dafür notwendige Kompetenz übertragen bekommen hat. Das ist dann keine Delegation, sondern nur das Abschieben einer Aufgabe.
Um auf das Beispiel mit dem Gemeindebrief zurückzukommen (siehe oben Kap. 5.3): Es wäre auch denkbar, daß der Pfarrgemeinderat bzw. Kirchenvorstand die *grundsätzliche Entscheidung* trifft, daß ein Gemeindebrief ins Leben zu rufen ist. Dazu kämen dann noch eine Vorgabe über den Finanzrahmen und die „politische" Entscheidung, ob es auch ein ökumenischer Gemeindebrief sein kann. Die ganzen daraus folgenden Einzelentscheidungen hätte er dann in die Hände der Projektgruppe legen können. Das wäre dann ein Beispiel für Delegation. Der Pfarrgemeinderat bzw. Kirchenvorstand hätte sich so von einer Detailaufgabe entlasten können, denn langfristige Planungen und grundsätzliche Entscheidungen sind seine eigentlichen Aufgaben. Den natürlich mit viel Verantwortungsgefühl und sehr bewußt ausgewählten Mitgliedern der Projektgruppe hätte er ein eigenverantwortliches Aufgabengebiet gegeben, das sie wahrscheinlich mit viel Engagement, Freude und Zufriedenheit wahrgenommen hätten.
Damit Delegation wirklich klappt, sind einige Regeln zu beachten.

Delegationsregeln:
Zunächst müssen Aufgaben und Zielsetzung und die damit verbundenen Erwartungen klar beschrieben werden:

Was für eine Aufgabe ist zu lösen, was genau ist zu tun?
Wie ist die Aufgabe auszuführen?
Was soll erreicht, welches Ergebnis erzielt werden?
Welche darüber hinausgehenden Erwartungen sind mit der Delegation verbunden?
Was erwarten ein delegierender Kirchenvorstand bzw. Pfarrgemeinderat oder eine Vorgesetzte von den Mitarbeiterinnen und Mitarbeitern?

Das ist die sachliche Seite: „*Was* soll delegiert werden?", nun geht es um die personale Seite der Angelegenheit: „An *wen* kann delegiert werden?"

Es kommen nur solche Mitarbeiterinnen und Mitarbeiter in Betracht, die auch entsprechende Fähigkeiten besitzen, die also delegationsfähig sind. Auch dazu einige Fragen, die es erleichtern, diese Mitarbeiter zu finden:

Kann der Mitarbeiter selbständig arbeiten, kann er seine Arbeit selbständig organisieren?

Entwickelt er Ideen und Initiativen, oder ist er eher passiv und wartet auf Anweisungen?

Ist er nach reiflicher Überlegung entscheidungsfreudig, oder scheut er eher Entscheidungen?

Ist er schnell entmutigt, wenn Schwierigkeiten auftreten, oder bleibt er gelassen und ruhig „am Ball"?

Diese Fragen in bezug auf einen Mitarbeiter, eine Mitarbeiterin sind sinngemäß auf ein Team anzuwenden, das mit einer Aufgabe betraut werden soll: Garantiert die Zusammensetzung der Gruppe, daß sie delegationsfähig ist? Und schließlich: Delegation enthebt nicht der Kontrolle! (Dazu unten mehr.)

5.6 Informieren

Informationen sammeln und weitergeben haben in der Arbeitswelt wie auch in den Bereichen ehrenamtlicher, freiwilliger Tätigkeit den Sinn, das Wissen zu vermitteln, das notwendig ist, die vereinbarten Ziele zu erreichen, vereinbarte Aufgaben zu lösen. Informationen zu beschaffen, zu bringen, zu verarbeiten und zu speichern sind eine originäre Leitungsaufgabe. Ein Leitungsgremium ist darauf genauso angewiesen wie die haupt- und ehrenamtlichen Mitarbeiterinnen und Mitarbeiter einer Gemeinde.

Von daher lassen sich verschiedene Informationsarten unterscheiden, damit Ziele optimal erreicht und Aufgaben bestmöglich gelöst werden können:

a) Informationen über den eigenen Arbeitsbereich,

b) Informationen über die anderen Arbeitsbereiche in der Gemeinde und dessen Zusammenarbeit,

c) Informationen über das, was in den verschiedenen Aufgabenbereichen geleistet und erreicht wird,

d) Informationen über das Gesamtunternehmen „Kirche",

e) Informationen über die Stellung der Kirche in der Gesellschaft.

Diese Informationstypologie können Sie im übrigen auch dazu verwenden, um, bezogen auf die einzelnen Mitarbeiter und Gruppen in der Gemeinde, den jeweiligen Informationsstand zu überprüfen: Verfügen die MitarbeiterInnen und die Gruppen(leiterInnen) über alle fünf Informationsarten?

Überprüfen Sie doch einmal anhand der folgenden Fragen Ihre „Informationskultur“:

„*Als Informations-Nachfrager überlegen Sie*:

Welche Informationen brauche ich zur Erfüllung meiner Aufgabe

zwingend (need to know)?

interessant (nice to know)?

Von wem erwarte ich diese Informationen, wer sind die für mich wichtigen Sender?

Welche Abmachungen, Regelungen bestehen zwischen mir und den wichtigen Sendern? Hat der Sender mir gegenüber Bring-Pflichten, oder liegt die Hol-Pflicht bei mir?

Wann und wie oft brauche ich Informationen?

Was unternehme ich, wenn ich die Bring-Informationen vom Sender nicht oder immer wieder zu spät erhalte?

Als Informations-Anbieter überlegen Sie:

Welche Informationen schulde ich wem (meine Bring-Pflichten)? Wann?

Auf welchem Weg und in welcher Form übermittle ich die Informationen?

Entspricht das benützte Informationsmaterial der Bedeutung der Information (zum Beispiel schriftlich oder mündlich)?

Sind mir die Ziele meiner Information klar: Was will ich erreichen, bei wem, bis wann?

Umfaßt die Information alles, was für das Erreichen des Ziels nötig ist?

Ist die Information empfängergerecht abgefaßt? Berücksichtigt sie den Informationsstand des Empfängers?

Ist mir klar, auf welche Art ich kontrollieren werde, ob die Information angekommen und verstanden ist?

Überprüfen Sie Ihre Informationsquellen:

Auf welchen Wegen kommen Sie zur Information, die für Sie wichtig ist? Zum Beispiel

durch Gespräche mit Kollegen, Bekannten; mit wem, wie oft?

durch Lesen von Zeitungen/Zeitschriften; welche, wie oft?

durch Lesen von Fachpublikationen, Büchern; welche, wie oft?

durch Sendungen von Radio und Fernsehen; welche, wie oft?

durch Teilnahme an Tagungen, Kursen, anderen Anlässen; welche, wie oft?

Welchen dieser Informationsquellen messen Sie besondere Bedeutung bei? Wo könnten sie bewußt Abstriche vornehmen, nach dem Motto ‚weniger wäre mehr‘?“ (Lotmar, S. 218f)

Und jetzt noch einige Anregungen zur praktischen Seite der Informationsvermittlung. Zunächst ist es wichtig festzustellen, welche Informationen die

verschiedenen MitarbeiterInnen beziehungsweise Mitarbeitergruppen benötigen. Das sollte gemeinsam mit den Betroffenen geklärt werden. Nicht alle Informationen sind für alle wichtig. Wer was bekommen soll, wird schriftlich festgehalten. Dann muß der Informationsfluß differenziert organisiert werden. Das kann unterschiedlich geschehen.
Die hauptamtlichen MitarbeiterInnen und die ehrenamtlichen LeiterInnen der Gruppen haben jeweils ein Fach im Gemeindebüro.
Zeitschriften/Publikationen, die keine Termine enthalten, kommen in den Umlauf (mit einem auf dem Titelblatt angehefteten Laufzettel).
Im Gemeindebüro gibt es ein allgemeines Infofach, in dem unspezifische Informationen/Mitteilungen usw. gesammelt werden und für einen bestimmten Zeitraum ausliegen. Danach kommen sie entweder in die Ablage oder werden vernichtet.
Eine öffentlich zugängliche Pinwand kann auch ein Informationsmedium sein.
Und schließlich: Mitarbeiterversammlungen und -besprechungen sind als Forum für die Informationsweitergabe nicht zu vergessen. Das setzt allerdings voraus, daß diese Zusammenkünfte einigermaßen regelmäßig stattfinden.

Ein differenziertes Informationssystem aufzubauen, braucht zunächst einige Zeit, spielt sich dann aber schnell ein. Es muß klar geregelt sein, wer die Informationen verteilt (und wer auch einmal einspringen kann). Der Informationsfluß muß durchsichtig sein, damit kein Mißtrauen entsteht („Werden mir wichtige Informationen vorenthalten?“).
MitarbeiterInnen haben einen Anspruch auf Informationen. Wird dies effektiv und in einer guten Weise formalisiert geregelt, dann kommt darin auch die Wertschätzung zum Ausdruck, die die Organisation den MitarbeiterInnen entgegenbringt. Das wirkt wiederum stimulierend auf die Mitarbeiterschaft.
Formalisierte Abläufe haben den Sinn, die Leitung (oder entsprechend beauftragte Personen) von ständigen Entscheidungen zu entlasten. Es muß nicht jedes Mal neu nachgedacht werden, wer welche Mitteilungen bekommen soll. Auch wenn es immer mal wieder zu Fehlern kommt, dann gibt ein solches Verfahren doch mehr Sicherheit als wenn es völlig unorganisiert und zufällig abläuft.

5.7 Motivieren

Nach der sogenannten „Zwei-Faktoren-Theorie“ von F. Herzberg haben Menschen in ihrem Arbeitsleben zwei Grundbedürfnisse: „Motivationsbedürfnisse“

und „Hygienebedürfnisse“ (nach Weinert, S. 268ff). Zu den „Hygienebedürfnissen“ (in Klammern finden Sie den Versuch einer Übertragung auf die Situation ehrenamtlicher Mitarbeiterinnen und Mitarbeiter) gehören etwa eine
angemessene Bezahlung (Fortbildungsmöglichkeiten),
die Sicherheit des Arbeitsplatzes (daß verläßlich gearbeitet werden kann),
gute Arbeitsbedingungen (Zugang zu Hilfsmitteln, Erstattung von Auslagen),
ein den Mitarbeitern gegenüber angemessener Führungsstil (kollegialer Stil),
und
befriedigende zwischenmenschliche Beziehungen am Arbeitsplatz.
Sind diese Rahmenbedingungen gegeben, dann ist der erste Schritt zur Arbeitszufriedenheit getan.

Damit die Mitarbeiter jetzt aber auch noch motiviert sind, müssen die „Motivationsbedürfnisse“ gestillt werden. Sie beziehen sich auf die Arbeit selbst.
Wird die *Arbeit anerkannt,*
geschieht sie *in eigener Verantwortung,*
ist die Arbeit *abwechslungsreich,*
besteht die *Chance einer Beförderung* oder Höhergruppierung
und wird die Arbeit als Möglichkeit erlebt, *sich selbst zu erfüllen* und *in der Persönlichkeit zu wachsen,*
dann sind die Mitarbeiterinnen und Mitarbeiter auch für ihre Arbeit motiviert.
Die Arbeitszufriedenheit und damit eine motivierte und engagierte Mitarbeit wird also durch die äußeren Bedingungen und durch die unmittelbar auf die jeweilige Tätigkeit bezogenen Faktoren bewirkt.
Leitungsgremien, vor allem dann, wenn sie zugleich auch Anstellungsträger sind, müssen sich um diese beiden Faktoren kümmern, wollen sie im Interesse der Sache motivierte Mitarbeiter haben.

Die Anerkennung von Leistung ist ein ganz zentraler „Motivator“. Dazu wurde schon an anderer Stelle einiges gesagt (vgl. Kap. 4.3). Hier nur noch einige wenige, aber wichtige Hinweise.
Anerkennung sollte so schnell als möglich ausgesprochen werden, Tage oder gar Wochen später ist sie nicht mehr so wirkungsvoll.
Anerkennung braucht einen angemessenen Rahmen. Wer die Arbeit eines Mitarbeiters oder einer Mitarbeiterin anerkennen und würdigen will, sollte sich dazu bewußt Zeit nehmen, so nebenher, zwischen „Tür und Angel“, ist nicht der richtige Stil. Er wertet die Anerkennung ab.
Unangemessene, überschwengliche Anerkennung ist genauso verfehlt.

Anerkennung sollte konkret sein, also nicht „Herr B., Sie sind ein toller Kerl! Wie sie das gemacht haben!“ Besser: „Herr B., Sie haben die Sitzung sehr gut und straff geleitet.“
Anerkennung als eine positive Rückmeldung sollte ohne einschränkendes „Aber ...“ geschehen. Die Einschränkung wirkt stärker als die Anerkennung.

5.8 Kontrollieren/Auswerten

Kontrolle ist ein Begriff, der Widerstände weckt. Gerade Mitarbeiterinnen und Mitarbeiter in sozialen Berufen, in Berufen, die es mit Menschen zu tun haben, mögen Kontrolle nicht, sie haben zumindest zwiespältige Gefühle dabei. Was kann der Grund für diesen Vorbehalt sein? Sie werden in der Regel von einem auf Autonomie hin angelegten Menschenbild geleitet. Selbständigkeit, Mündigkeit, Selbstverantwortung sind auch Ziele von Menschen, die in der Kirche tätig sind. Und dieser für die Arbeit geltende Anspruch wird auch für sich selbst reklamiert.
Umgekehrt ist auch zu beobachten, daß sich gemeindeleitende und kirchenleitende Gremien mit der ihnen zugewiesenen Kontrollfunktion immer wieder sehr schwer tun. Eine eher zögerliche Haltung ist verbreitet. Wenn aber einmal das „Kind in den Brunnen“ gefallen ist, dann wird vom Recht auf Kontrolle oft in rigoroser Form Gebrauch gemacht. Was möglicherweise vorher versäumt wurde, wird dann mit einem Schlag nachgeholt. Vielleicht sind es auch solche Erlebnisse, die eine Kontrolle so anrüchig machen. Hinzu kommt in der kirchlichen Kultur sicher noch die Befürchtung, daß die Ausübung von Kontrolle auch zu Konflikten führen kann, dem will man aber lieber ausweichen. Vogel-Strauß-Mentalität statt eines klaren und wachen Blicks.
Denn darum geht es: Um den wachen und klaren, den kritischen und vorurteilsfreien Blick auf die Arbeit der Mitarbeiterinnen und Mitarbeiter und, das sei ergänzt, auch auf die eigene Arbeit.

Da ein Kirchenvorstand bzw. Pfarrgemeinderat als das gewählte gemeindeleitende Gremium auch die Verantwortung für das Leben in der Gemeinde hat, muß er auch wissen, was und wie in der Gemeinde gearbeitet wird. Es geht dabei nicht um Bevormundung oder Gängelung, es sollte nicht Mißtrauen, sondern Verantwortungsgefühl der Beweggrund für die kritisch-konstruktive Begleitung von ehren- wie hauptamtlichen Mitarbeiterinnen und Mitarbeitern sein. Im günstigsten Fall werden zwischen der Gemeindeleitung und den Mitarbeitern die Ziele in den verschiedenen Arbeitszweigen gemeinsam festgelegt, dabei möglichst konkret. Daß bei einer solchen Vereinbarung auch eine Auswertung (also Kontrolle) besprochen und verabredet wird, sollte eine Selbstverständlichkeit sein. Wenn das von vornherein festgelegt wird, wird es später keine Mißverständnisse und keinen Ärger geben, wenn die Auswertung vorgenommen wird. Anders ist es, wenn eine solche Auswertung nicht vereinbart wurde, nach einem halben Jahr aber der Vorsitzende des Kirchenvorstandes oder der Pfarrer auf den Plan tritt und Auskünfte und Rechenschaft über die bisher geleistete Arbeit fordert. Dann ist mit Widerständen zu rechnen, weil die Mitarbeiter den Eindruck gewinnen müssen, daß man ihnen und ihrer Arbeit nicht vertraut.

Ganz wichtig: Eine gemeinsam verabredete Auswertung oder Zielkontrolle ist auch einzuhalten!

Die Mitarbeiter werden sich nämlich darauf vorbereiten, und wenn dann nichts kommt, kann das als Mißachtung gedeutet werden.

Diese mögliche Reaktion zeigt, was eine von vornherein abgesprochene Auswertung/Kontrolle auch sein kann: Mitarbeiterinnen und Mitarbeiter erhalten die Chance, ihre Arbeit darzustellen. Sie können das benennen, was gut läuft, wo es Schwierigkeiten gibt, wo sie Unterstützung benötigen usw. Sie haben dann auch die Gelegenheit, neue Ideen zur Weiterentwicklung der Arbeit mitzuteilen und zu diskutieren.

Eine so verstandene und praktizierte Kontrolle/Auswertung wird dann zu einem gemeinsamen Lernprozeß. Denn beide Seiten denken darüber nach, was getan werden kann, um die Arbeit zu verbessern. Vielleicht ist eine Fortbildung für den Mitarbeiter angesagt oder die technischen Hilfsmittel sind veraltet und müssen erneuert werden, vielleicht erkennt der Kirchenvorstand bzw. der Pfarrgemeinderat sogar, daß seine einmal beschlossene Konzeption neu bedacht werden muß.

Zum Schluß noch ein Blick auf die verschiedenen Kontrollformen.

Gerade in sozialen und kirchlichen Arbeitsbezügen sollten die Mitarbeiter dazu ermuntert werden, sich selbst zu kontrollieren. Die dafür notwendigen Hilfsmittel wie Terminkalender, Wochen- und Jahrespläne, Wiedervorlagemappen usw. hat der Arbeitgeber natürlich zur Verfügung zu stellen.

In regelmäßigen Abständen kann ein Kirchenvorstand bzw. Pfarrgemeinderat auch Mitarbeiter in die Sitzungen einladen, damit sie ihre Arbeit darstellen können, aufzeigen, welche Probleme es gibt und welche Entwicklungen sich in den Aufgabenfeldern abzeichnen. Im Mittelpunkt steht dann die Sache, die von allen gemeinsam betrachtet wird.

Auch Jahresberichte sind eine Form der Auswertung und Kontrolle. Dabei ist

darauf zu achten, daß rechtzeitig abgesprochen wird, was in den Jahresbericht gehört.
Anders als in der gewerblichen Wirtschaft fällt es im sozialen und kirchlichen Bereich schwer, eine Erfolgskontrolle vorzunehmen (siehe dazu Kap. 2). Eine Erfolgskontrolle hat aber dann Chancen, wenn zuvor sehr konkrete Ziele formuliert wurden, deren Erreichung auch überprüfbar ist. Die Einrichtung einer Kinder- und Jugendbibliothek in der Gemeinde, der Aufbau eines Besuchsdienstes bei Neuzugezogenen, ein Erzählcafé für Frauen, eine Familienfreizeit, all das sind Beispiele für konkrete und darum auch kontrollierbare Ziele.
Und schließlich gibt es noch die, meist auch rechtlich verankerte, Dienstaufsicht. Sie hat es, wie das Wort sagt, mit „Sehen" zu tun. Ein Kirchenvorstand bzw. Pfarrgemeinderat schaut auf die Mitarbeiter, wie sie ihre Arbeit tun und wie es ihnen dabei ergeht. Zur Dienstaufsicht, die streng genommen nur den Hauptamtlichen gilt, vom Ethos her aber natürlich auch den Ehrenamtlichen, gehört auch die Fürsorgepflicht. Dienstaufsicht und Fürsorgepflicht haben kontrollierende und schützende Funktion.
Zeigt sich, daß Mitarbeiter völlig überarbeitet sind, muß korrigierend eingegriffen werden; wenn vermeidbare Pannen und Fehler vorhersehbar sind, so muß sich ein Pfarrgemeinderat bzw. Kirchenvorstand auch darum kümmern.

5.9 Mitarbeiterinnen und Mitarbeiter einstellen

Bei der Gemeindeberatung einer Großstadtgemeinde berichtete der Pfarrer, daß es große Schwierigkeiten mit der neuen Gemeindesekretärin gebe. Sie sei oft apathisch-depressiv, habe gerade eine Scheidung hinter sich, sei als Aussiedlerin aus Rumänien auch erst relativ kurz in Deutschland und von daher mit den hiesigen Lebensgewohnheiten noch nicht vertraut. Außerdem sei sie oft krank. Die Frau befinde sich noch in der Probezeit. Unter Arbeitsgesichtspunkten müßte ihr zum Ende der Probezeit gekündigt werden, aber aus seelsorgerlichen Gründen könne er es nicht befürworten. Diese Schilderung trifft sehr genau ein Dilemma, in dem sich gerade engagierte Christen in den entsprechenden Gremien befinden, wenn es um Personalentscheidungen geht. Was ihnen so schwer fällt: Sie können die verschiedenen Ebenen eines solchen Sachverhaltes kaum auseinanderhalten.
Mit der Sekretärin soll ein Arbeitsverhältnis eingegangen werden, durch das bestimmte Aufgaben optimal zu erledigen sind. Einen psychisch nicht belastbaren Menschen an eine solch zentrale Schaltstelle der Gemeinde zu setzen, und das

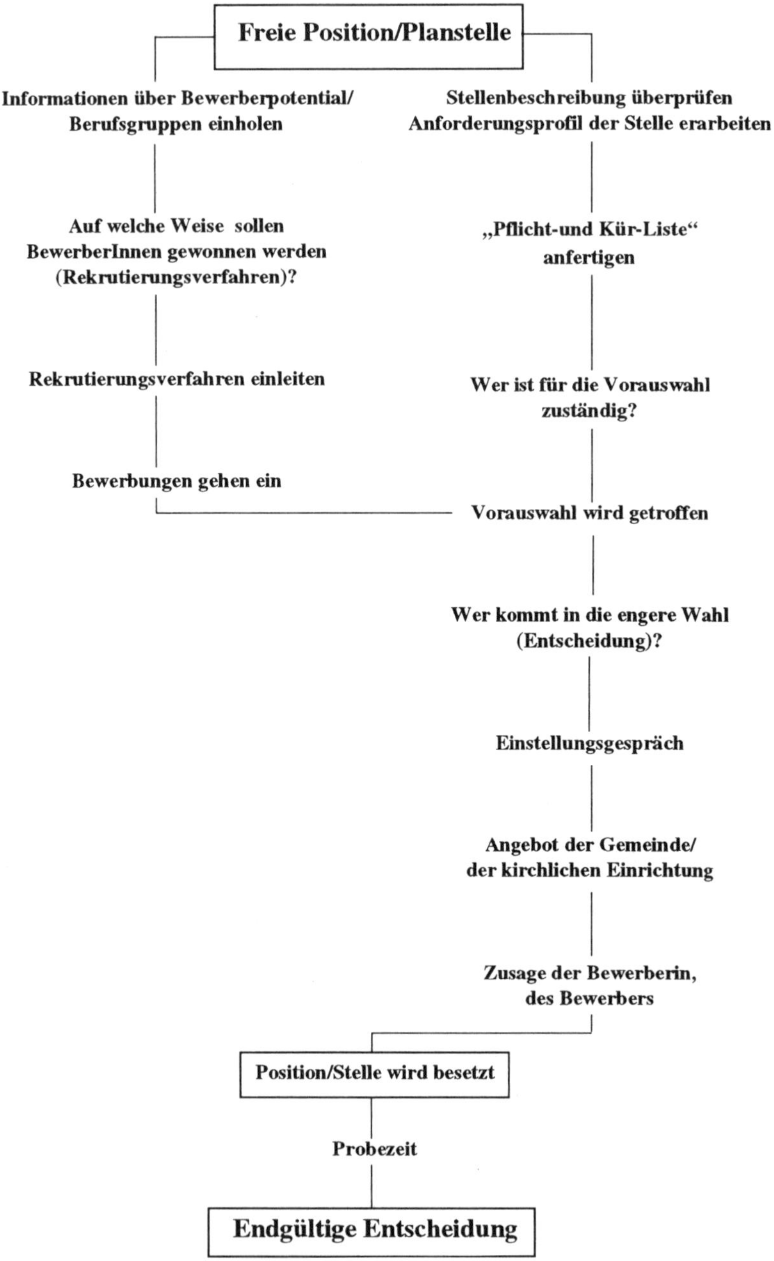

Freie Position/Planstelle
Informationen über Bewerberpotential/ Berufsgruppen einholen
Stellenbeschreibung überprüfen Anforderungsprofil der Stelle erarbeiten
Auf welche Weise sollen BewerberInnen gewonnen werden (Rekrutierungsverfahren)?
„Pflicht-und Kür-Liste" anfertigen
Rekrutierungsverfahren einleiten
Wer ist für die Vorauswahl zuständig?
Bewerbungen gehen ein
Vorauswahl wird getroffen
Wer kommt in die engere Wahl (Entscheidung)?
Einstellungsgespräch
Angebot der Gemeinde/ der kirchlichen Einrichtung
Zusage der Bewerberin, des Bewerbers
Position/Stelle wird besetzt
Probezeit
Endgültige Entscheidung

ist nun einmal das Gemeinde- bzw. Pfarrbüro, schadet der Gemeinde und dient auch nicht diesem Menschen.
Personalentscheidungen sind schwierig, da immer auch über Schicksale entschieden wird, sie sind aber eine unumgängliche Leitungsaufgabe, durch die in hohem Maße Macht ausgeübt wird. Diese Macht ist fürsorglich und sehr bewußt zu gebrauchen, es ist Arbeitgeber-Macht, einem Menschen wird eine Arbeit gegeben, anderen nicht.
Um Ihnen dieses „Geschäft" zu erleichtern, geben wir Ihnen auf der vorhergehenden Seite zunächst eine schematische Übersicht über die Vorgehensweise bei einer Personalauswahl.
Ein Hinweis: An verschiedenen Stellen können kirchenleitende Gremien ein Wort mitreden (zum Beispiel Personalabteilungen). Das ist je nach den kirchlichen Gesetzen unterschiedlich geregelt.

Eine entscheidende Weichenstellung für die Personalauswahl wird vorgenommen, wenn sich etwa der Personalausschuß eines Kirchenvorstandes Gedanken über das Anforderungsprofil für eine Stelle macht. Das sollte sehr sorgfältig geschehen, da damit auch die anschließenden Überlegungen zur „Pflicht- und Kür-Liste" vorbereitet werden. Ausgehend von den Anforderungen an die Stelle werden die „Pflicht-Vorstellungen", hier geht es um die unverzichtbaren Kriterien, und die „Kür-Vorstellungen", das sind die wünschenswerten, zusammengetragen. Eine Auflistung in die beiden Rubriken „Pflicht" und „Kür" dient der Übersichtlichkeit und fordert klare Zuordnungen. Wie eine solche „Pflicht- und Kür-Liste" aussehen kann, machen wir auf der nächsten Seite am Beispiel einer Geschäftsführerstelle in einer übergemeindlichen Einrichtung deutlich.
Die „Pflicht-Spalte" enthält all das, was für die Stelle unabdingbar ist. Ein Bewerber, der in seinem Anschreiben den Sinn einer Teamsupervision anzweifelt, scheidet sofort aus. Eine qualifizierte Bewerberin, die erst 30 Jahre alt ist, bleibt dabei weiter „im Rennen".
In der „Pflicht-Rubrik" ist im übrigen all das gesammelt, was auch in eine Stellenanzeige hineingehört: Klarheit und Transparenz für alle Beteiligten.
Die „Pflicht/Kür"-Übersicht hilft bei der Vorauswahl, das Schema erleichtert die Entscheidung, wem die Bewerbungsunterlagen zusammen mit einem freundlichen Brief wieder zurückgeschickt werden.
Zum Gefangenen eines solchen Schemas sollte man sich aber nicht machen lassen. Bei der Geschäftsführerstelle bewarb sich eine Frau, die mitteilte, daß sie keine Kenntnisse im Haushalts- und Rechnungswesen habe, aber bereit sei, sich umgehend einzuarbeiten und fortzubilden. Formal hätte sie keine Chance

„Pflicht“	„Kür“
Verwaltungserfahrungen	Erfahrungen mit kirchlichen Einrichtungen
Kenntnisse im Haushalts- und Rechnungswesen	Theologische Kenntnisse
Kirchenmitgliedschaft	Engagement in der Gemeinde
Führerschein	1. Verwaltungsprüfung
EDV-Kenntisse	Leitungserfahrung
Erfahrung im Umgang mit Menschen	Mindestalter: 35 Jahre
Ganze Stelle	Pädagogische Kenntnisse
Bereitschaft, an der Teamsupervision der Einrichtung teilzunehmen	

gehabt, aber die signalisierte Bereitschaft, Neues zu lernen, wog so schwer, daß sie zum Einstellungsgespräch gebeten wurde (im übrigen bekam sie auch die Stelle).
Nach der Vorauswahl werden die Unterlagen der übriggebliebenen Bewerberinnen und Bewerber noch einmal intensiv und kritisch gesichtet.
Sind die Unterlagen vollständig (Bewerbungsschreiben, Lebenslauf, Zeugnisse, Referenzen, Lichtbild)?
Wie ist der Gesamteindruck der eingereichten Unterlagen? Ordentlich und sorgfältig oder hastig und wenig ansprechend zusammengestellt?
Was sagt das Bewerbungsschreiben?
Wie ist der äußere Eindruck?
Sind Motive für die Bewerbung erkennbar?
Oder besteht es nur aus Phrasen?
Der Lebenslauf soll die persönliche und berufliche Entwicklung beschreiben.

Was fällt ins Auge? Beständigkeit und Zielgerichtetheit oder eher unstetes Wandern und häufiger Stellenwechsel?
Gibt es Zeiten, die nicht ausreichend erläutert sind?
Was sagt der Lebenslauf über die persönlichen Lebensumstände?

Die Aussagekraft von Zeugnissen ist problematisch. Was sagen schon Schulzeugnisse, die 20 oder 30 Jahre alt sind?
Arbeitszeugnisse dürfen keine negativen Urteile enthalten, ihre Qualität hängt obendrein auch von der Fähigkeit ihrer Schreiber ab, Sachverhalte und Bewertungen präzise zu formulieren und nichts zu vergessen.
Das Augenmerk sollte sich auf durchgängige Trends richten, zum Beispiel:
Generell überdurchschnittlich, immer gute bis hervorragende Leistungen und Beurteilungen
oder
durchschnittliches Leistungsvermögen, Zufriedenheit signalisierende Bewertungen
oder
mäßige Leistungen, keine auffallenden Merkmale und Beurteilungen, eher zurückhaltende Bewertungen.

Fragen und Unklarheiten sind dann Stoff für das Einstellungsgespräch. Ihm kommt bei der Personalauswahl eine entscheidende Bedeutung zu. Im Interesse der Bewerberinnen und Bewerber sowie des Arbeitgebers sollte ein Einstellungsgespräch sorgfältig vorbereitet und ausgewertet werden.

Leitfragen für ein Einstellungsgespräch:
Schildern Sie bitte kurz Ihren beruflichen Werdegang.
Aus welchen Gründen wollen Sie wechseln?
Was interessiert und reizt Sie an der ausgeschriebenen Stelle?
Bitte beschreiben Sie Ihre jetzige Aufgabe.
Was sind die schwierigsten Probleme, die Sie zur Zeit in Ihrer Stelle zu meistern haben? Wie haben Sie diese Probleme gelöst?
Arbeiten Sie zur Zeit eher allein oder auch in und mit einem Team?
Wenn Sie einen Vorgesetzten/eine Vorgesetzte haben: Wie sehen Sie ihn/sie?
Was gefällt Ihnen an dem/der Vorgesetzten? Was stört Sie eher an dem/der Vorgesetzten?
Wie sind Sie in Ihrer jetzigen Stelle/Organisation eingebunden? Was gefällt Ihnen daran, was gefällt Ihnen nicht daran?
Was tun Sie für Ihre berufliche Weiterbildung?

Was wissen Sie über unsere Einrichtung? Welche Vorstellungen haben Sie von ihr?
Welche Arbeiten machen Sie lieber, welche eher ungern?
Welche Hobbys haben Sie?
Was wollen *Sie* wissen?
Welche Fragen haben *Sie* an uns (zum Beispiel Aufgabengebiet, Gesamtorganisation, Arbeitsweise des Teams, welche Regeln prägen die gemeinsame Arbeit)?
(Ausführlich dazu: Knebel).

6. „Backen kann man sie nicht“
Aber dennoch: Ein „Anforderungsprofil“ für LeiterInnen

6.1 Zunächst zu Ihnen ...

Sie leiten als Mitglied eines Pfarrgemeinderates bzw. Kirchenvorstandes die Gemeinde; unter Umständen leiten Sie auch noch dieses Gremium selbst. Als Pfarrerin oder Pfarrer sind Sie geborenes Mitglied des gemeindlichen Leitungsteams, ansonsten sind Sie gewähltes Mitglied.
Bevor wir Ihnen etwas Theorie zum Persönlichkeitsprofil von Führungskräften in seiner Verschränkung mit dem „Reifegrad-Profil“ von Gruppen vorstellen, wollen wir Sie anregen, über sich selbst als Leiterin oder Leiter nachzudenken.

1. Fragen Sie sich selbst
Wie ist es eigentlich gekommen, daß Sie in diese Leitungsposition gewählt wurden? War es Ihr Wunsch gewesen? Haben Sie alles daran gesetzt, die betreffende Position zu erreichen? Sind Sie gedrängt worden? Haben Sie sich „breitschlagen“ lassen? War es irgendwie selbstverständlich, gar keine Frage, daß Sie an der Reihe waren? Was hat Sie an der Aufgabe gereizt, die damit verbundenen Möglichkeiten der Einflußnahme, die Macht, die Chance, sich selbst zu verwirklichen, oder was war es?
Alle genannten Motive sind übrigens legitim. Aber es ist gut, sich darüber im klaren zu sein. Dann kann man mit seiner Rolle besser umgehen.

2. Rangordnung

Damit Sie sich noch etwas systematischer mit sich selbst auseinandersetzen können, empfehlen wir Ihnen die folgende Übung. Sie ist besonders fruchtbar, wenn Sie sich als ganzes Leitungsgremium die Übung vornehmen.

Teil 1

Besorgen Sie sich zehn kleine Zettel. Auf jeden Zettel schreiben Sie bitte nur eine Antwort auf die Frage: „Warum bin ich Mitglied im Kirchenvorstand/ Pfarrgemeinderat?"

Ihre Antworten sollen sich auf Ihre ganz persönlichen Überzeugungen, Einstellungen und Interessen beziehen. Versuchen Sie, Antworten zu finden, die für Sie charakteristisch sind, die besonders Ihre Bedürfnisse und Wünsche zum Ausdruck bringen. Schreiben Sie bitte nur eine Antwort auf jeden Zettel.

Teil 2

Nehmen Sie sich nun die zehn Antwortzettel der Reihe nach vor, und stellen Sie sich die folgende Frage:

Wie würde es sein, wenn ich auf eine der Antworten aus irgendeinem Grunde verzichten müßte?

Was würde dieser Verzicht für mich bedeuten?

Betrachten Sie nun unter dieser Fragestellung die einzelnen Antworten. Erstellen Sie dann durch eine Bewertung Ihrer Antworten eine Rangordnung. Schreiben Sie bitte auf den Zettel, der die für Sie wichtigste Antwort enthält, eine „1" und entsprechend abgestuft eine „2", „3", ... bis zur „10". Die letzte Wertung „10" entspricht der unwichtigsten Antwort auf die Frage „Warum bin ich Mitglied im Pfarrgemeinderat/Kirchenvorstand?"

Teil 3

Tauschen Sie die Erfahrungen, die Sie mit sich allein gemacht haben, mit den anderen Mitgliedern im Pfarrgemeinderat/Kirchenvorstand aus. Sie werden sich selbst und die anderen dabei noch besser kennenlernen. Der Austausch wird Ihnen im übrigen auch viel Spaß machen.

Dabei muß aber die Regel beachtet werden, daß niemand gezwungen werden kann, alles, was er aufgeschrieben hat, mitzuteilen. Jeder teilt nur das mit, was er auch mitteilen möchte, ist dabei aber so offen wie möglich. Für den Austausch sollten Sie sich genügend Zeit (die ganze Übung dauert ca. zwei bis drei Stunden) lassen.

3. Sätze vervollständigen

Und noch ein dritter Vorschlag für einen internen Austausch im Pfarrgemeinderat bzw. Kirchenvorstand.

Bitte ergänzen Sie die unten aufgeführten Sätze; betrachten Sie jeden Satz als persönliche Aussage, mit der Sie sich identifizieren können:

Ich freue mich, wenn die Gemeinde ...
Es fehlen mir noch ...
Ich halte nicht viel von ...
Gemeindeleitung heißt als erstes ...
Ich bin begeistert, wenn ...
Mein zur Zeit größtes Problem als Mitglied im Pfarrgemeinderat/Kirchenvorstand ist ...
Am meisten Spaß macht mir ...
Wenn ich aus irgendeinem Grund „sauer" bin, möchte ich ...
Ich arbeite allein, wenn ...
Ich könnte aus der „Haut" fahren, wenn ...
Während der Sitzungen des Pfarrgemeinderates/Kirchenvorstandes benötige ich Hilfe, wenn ...
Mein Gefühl hier im Pfarrgemeinderat/Kirchenvorstand ist ...
Eigentlich ist Gemeindeleitung ...
Gemeindemitglieder „nerven" mich, wenn sie ...
Ich stelle mein Amt zur Verfügung, wenn ...
Ich bin immer noch Mitglied im Pfarrgemeinderat/Kirchenvorstand, weil ...

Lassen Sie sich für diesen ersten Schritt, die Einzelarbeit, 30 bis 45 Minuten Zeit. Dann besprechen Sie gemeinsam die einzelnen Sätze. Sie können sich alle Sätze der Reihe nach vornehmen oder die für Sie wichtigsten Sätze heraussuchen. Für das Gespräch in Ihrer Gruppe benötigen Sie gute zwei Stunden (nach Gäde/Listing, S. 13). Wir hoffen, daß Sie mit diesen Übungen sich selbst als Gemeindeleiter und Gemeindeleiterin und Ihren Teamkolleginnen und -kollegen näherkommen.

6.2 Interaktive Leitung

Die Leitung einer Gemeinde, die unmittelbare oder mittelbare Leitung von ehrenamtlichen Gruppen in der Gemeinde und die Leitung von Mitarbeiterinnen und Mitarbeitern, ist ein vielseitiger Prozeß. Ganz allgemein gesprochen geht es darum, Gruppen zu initiieren, zu planen, zu leiten, zu koordinieren und zu kontrollieren und sie auf das Erreichen eines Zieles, eines Arbeits- oder Organisationszieles hin, zu lenken. Diese Leitungsaufgabe bezieht sich natürlich auch auf die einzelnen Mitarbeitenden. Es geht also im Führungsprozeß um die Zusammenarbeit von vielen Menschen (Interaktion), wobei Macht und Einfluß ungleich verteilt sind. Die Art und Weise der Kommunikation spielt eine herausragende Rolle in diesem Geschehen des Führens und Geführtwerdens. Eine effiziente Führung ist dann gegeben, wenn es gelingt, daß Gruppenleistungen erbracht, Ziele erreicht und die Bedürfnisse und Erwartungen der Mitarbeiterinnen und Mitarbeiter erfüllt werden (s. Kap. 5.7).

Der Hinweis auf die ungleiche Machtverteilung soll hier noch einmal verstärkt werden. Die in christlichen Kreisen oft beschworene Geschwisterlichkeit ändert daran nichts. Es gibt in jeder Gemeinde, in jeder gemeindlichen Gruppe auch Machtverhältnisse. Ein Pfarrgemeinderat bzw. ein Kirchenvorstand hat auf Grund seiner Stellung in der Gemeinde und der zugewiesenen Aufgaben eben mehr Macht als ein Hauskreis oder eine Jugendgruppe. Das sollte ganz nüchtern gesehen werden. Erst dann kann mit Macht verantwortlich umgegangen werden. Macht zu tabuisieren führt nicht zur Aufhebung von Macht, sie wird weiter, wenn auch verschleiert, ausgeübt.
Sie sollten auch wissen, daß es verschiedene Formen von Macht gibt. Wie French & Raven beschrieben haben, gibt es fünf verschiedene Machtquellen (nach Weinert, S. 346):
Es gibt die „Legitimationsmacht", die sich etwa aus der Position in der Organisationshierarchie ableitet. Kirchenvorstände und Pfarrgemeinderäte verfügen, jeweils unterschiedlich nach den kirchlichen Gesetzen, über Legitimationsmacht, die auch mit Entscheidungsmacht verbunden ist.
Die „Belohnungsmacht" ist ein weiterer Typ. Auch darüber verfügen gemeindeleitende Gremien, da sie Mitarbeitende für gute Leistungen belobigen und anerkennen können.
Ein dritter Machttypus stützt sich auf Zwang und Druck, basiert also auf der Furcht bei Untergebenen, daß sie bei unerwünschtem oder Fehlverhalten mit Sanktionen rechnen müssen. Gemeindeleitende Gremien, die zugleich Anstellungsträger sind, können auch darüber verfügen (von der Abmahnung bis zur Kündigung).
Dann gibt es die „Expertenmacht", die sich zum Beispiel aus der Fähigkeit von leitenden Personen speist, die Situationen und Aufgaben der von ihnen geleiteten Gruppen zu erkennen, zu analysieren, zu kontrollieren und sachgerecht zu begleiten und zu stützen.

Und schließlich gibt es noch die „charismatische Macht“. Von ihr wird gesprochen, wenn sich Mitarbeiter mit einer Führungspersönlichkeit identifizieren, weil sie besonders populär ist, über ein beeindruckendes Wissen verfügt oder eine mitreißende Ausstrahlung besitzt.
Führungspersonen wie auch leitende Gremien schöpfen aus diesen verschiedenen Quellen, je nach Situation in unterschiedlichem Maße.

6.3 Flexibles Handeln und soziale Einfühlung

Gemeindeleitung ist ein Prozeß. Die an der Gemeindeleitung Beteiligten selbst, die von ihr Geführten, die Situation der Gemeinde und auch die gesellschaftliche Umwelt verändern sich ständig. Gemeindeleitung kann von daher nichts Statisches sein. Von der Gemeindeleitung ist deshalb „action flexibility“ zu erwarten, flexibles Handeln. Sich verändernde Situationen müssen wahrgenommen werden, und es muß angemessen darauf reagiert werden. Die Alternative zu dieser Handlungsstrategie lautet: Es wird, soweit es geht, die Situation verändert, damit man mit ihr leben kann.
Da sich auch Menschen, Mitarbeiter und Gruppen, verändern, ist Gemeindeleitung auch in diesem Punkt herausgefordert: „social sensibility“, soziale Einfühlung. Ein enger Kontakt zu Mitarbeitern und Gruppen, die Fähigkeit, sich in sie hineinzuversetzen, ihre Erwartungen zu erheben und sie bei Entscheidungen miteinzubeziehen und zu berücksichtigen sind daraus abgeleitete Anforderungen an das Führungsverhalten.
Damit sind zwei grundlegende Führungseigenschaften beschrieben: flexibles Handeln und soziale Einfühlung. Das sind hohe Anforderungen an eine einzelne Führungsperson, ein gut eingespieltes, kooperatives Leitungsteam könnte diesen Anforderungen auf jeden Fall gerecht werden. Was der eine nicht sieht, wird vom anderen wahrgenommen.

Welche Persönlichkeitsmerkmale sind nun für diese Leitungsaufgaben besonders günstig?
Wurde noch bis vor gar nicht langer Zeit die Ansicht vertreten, daß es zwischen Persönlichkeitsmerkmalen und Führungseigenschaften kein unmittelbarer Zusammenhang besteht, so zeigen aber neuere Untersuchungen, daß bestimmte Persönlichkeitseigenschaften durchaus zu Führungsaufgaben prädestinieren. So schrieb der amerikanische Sozialpsychologe R.M. Stogdill, daß eine „Person (...) nicht aufgrund des Besitzes irgendeiner Kombination von Persönlichkeitszügen zum Führer, sondern das Muster der Persönlichkeitsmerkmale des

Führers muß den Charakteristika, den Aktivitäten und Zielen der Gruppenmitglieder entsprechen." Auf der anderen Seite beschrieb er aber Persönlichkeitsvariablen, die nach seiner Meinung in Zusammenhang mit Leitung stehen können. Er faßt sie in fünf Hauptgruppen zusammen:

1. Kapazität

Äußere Erscheinung, Sprachfertigkeit, Intelligenz, Einsicht und Originalität.

2. Leistungsmöglichkeiten

Tüchtigkeit, die Fähigkeit, dafür zu sorgen, daß die Aufgaben erledigt werden, Spezialwissen.

3. Verantwortungsgefühl

Zuverlässigkeit, Überzeugungskraft, Selbstvertrauen.

4. Soziabilität

Anpassungs- und Einfühlungsvermögen, Begabung zur Zusammenarbeit, Umstellungsfähigkeit.

5. Status

Popularität.

(Aus: Gäde/Listing, S. 12)

„Aufgrund umfangreicher Forschungsbemühungen wurde festgestellt, daß erfolgreiche Führer sich in vielen Situationen von weniger erfolgreichen häufig tatsächlich durch unterschiedliche Interessen und Fähigkeiten, durch höhere Intelligenz und, in einigen Fällen auch, durch unterschiedliche Persönlichkeitscharakteristika (wie z.B. Selbstvertrauen, Individualität, Initiative, Originalität, persönliche Integrität) auszeichneten. Diese Eigenschaften sind zudem ... unter Führungspersonen der oberen Organisationsebenen häufiger und stärker als unter denen in niederen Organisationsebenen anzutreffen" (Weinert, S. 348f).

Die genannten Persönlichkeitsmerkmale sind aber allein noch keine Garantie für eine gute und effiziente Wahrnehmung von Leitungsaufgaben. Sie müssen immer im Zusammenhang mit der Situation und den aus ihr resultierenden Anforderungen gesehen werden.

Eine ständig vor Originalität und neuen Ideen sprühende Leiterin kann ein Team völlig irritieren, das vielleicht stärker Orientierung und Beständigkeit braucht.

Ein vor Selbstvertrauen strotzender Leiter kann Mitarbeiter dadurch möglicherweise gerade verunsichern; diese benötigen vielleicht einen nachdenklichen Chef, der auch einmal Fehler und Unsicherheiten eingesteht und mit ihnen auf diese Weise wieder mehr Kontakt hat. Was für eine Führungskraft gilt, kann auch auf ein Leitungsteam übertragen werden.

Ein Pfarrgemeinderat bzw. Kirchenvorstand, der dem Gemeindeleben neue

Impulse geben will und deshalb ständig neue Gottesdienstformen ausprobiert, wird unter Umständen die Gemeindeglieder vor den Kopf stoßen, die an der althergebrachten Liturgie hängen.
Immer also ist die Situation mitzubedenken. Die für eine Leitungsfunktion günstigen Persönlichkeitsmerkmale wirken sich dann fruchtbar aus, wenn sie situationsangemessen sind. Deshalb bleiben als Grundanforderungen an das Führungsverhalten die schon erwähnte „action flexibility" und die „social sensibility".

6.4 Von „reifen" und „unreifen" Gruppen

Stellen Sie sich folgende Situation vor: Da Sie berechtigterweise großen Wert darauf legen, daß sich Mitarbeiterinnen und Mitarbeiter wohl fühlen, laden Sie in regelmäßigen Abständen zu einem „Mitarbeiter-Kaffee" ein. Alle erscheinen gerne, es wird stundenlang miteinander geplaudert. Ihre Fragen nach der Arbeit stellen Sie eher beiläufig, Sie wollen ja keinen Druck ausüben. Das Klima ist gut und entspannt, alle mögen sich, die Arbeit aber tritt allmählich in den Hintergrund. Ganz anders sieht es aus, wenn der Pfarrgemeinderat bzw. Kirchenvorstand folgendes praktiziert: Kontakt zu den Mitarbeitenden in der Gemeinde wird nur aufgenommen, um von ihnen Arbeitsberichte und Ergebnisse zu hören. Alles andere interessiert nicht. Die Folge wird wahrscheinlich sein, daß die Berichte immer widerwilliger gegeben werden, die Atmosphäre ist gereizt, das Betriebsklima „im Eimer".
Im ersten Fall geht es um eine intensive Beziehungspflege, im zweiten um Aufgaben- und Leistungsorientierung. Beide Aspekte sind wichtig, aber nicht in einem „entweder-oder", sondern in einem „sowohl-als-auch". Die Führungskunst besteht darin, das Augenmerk auf beide Faktoren zu richten.
Die Amerikaner Paul Hersey und Kenneth H. Blanchard haben nun ein Modell entwickelt, das dazu helfen kann, beide Faktoren zu berücksichtigen und davon abgeleitet einen angemessenen Führungsstil zu praktizieren (nach Schmidt/Berg, S. 110 ff). In welchem Maße muß, bezogen auf die jeweilige Situation, also „situationsangemessen", Aufgaben- und Leistungsorientierung bzw. Mitarbeiter- und Beziehungsorientierung wahrgenommen werden?
„1. In welchem Umfang nimmt die Vorgesetzte Einfluß auf die *Aufgabe* ihrer Mitarbeiter/innen? Wie werden Rollen der Mitarbeiter/innen definiert und organisiert? Wie werden Aktivitäten (was, wann, wo und wie) erläutert und festgelegt? Wie werden Organisationsstrukturen (Informationskanäle, Entscheidungswege etc.) etabliert?

2. In welchem Umfang nimmt die Vorgesetzte Einfluß auf die *Beziehungen* zu ihren Mitarbeiter/innen? In welchem Umfang werden persönliche Beziehungen zu und zwischen den Mitarbeitern/innen gepflegt durch Kommunikation, emotionale und soziale Zuwendung unterstützt?
3. Der dritte Faktor ist die Dimension der *Effizienz*. Wie wirksam der Leitungsstil einer Vorgesetzten ist, hängt ab von der Situation der Mitarbeiter und davon, wieviel aufgaben- oder beziehungsorientiertes Verhalten die Vorgesetzte braucht. Das heißt, daß ein Zuviel oder Zuwenig – bezogen auf die Situation der Mitarbeiter – der beiden erstgenannten Faktoren zu einem ineffektiven Leitungsstil führen können" (a.a.O. S. 110f).

Hersey/Blanchard haben die Aufgaben- bzw. Beziehungsorientierung aufgegliedert in zwei Kontinuen:

Wenig mitarbeiterbezogen	bis	stark mitarbeiterbezogen
Wenig aufgabenbezogen	bis	stark aufgabenbezogen

Ob sich nun ein Vorgesetzter wenig oder stark mitarbeiterbezogen bzw. wenig oder stark aufgabenbezogen verhalten muß, hängt vom „Reifegrad" der jeweiligen Gruppe ab.
Hierbei unterscheiden die Autoren auch wieder vier Grundmuster:
Gruppen mit einer
niedrigen Reife (R 1; unfähig und nicht motiviert),
niedrigen bis mäßigen Reife (R 2; mäßig fähig und wenig motiviert),
mäßigen bis hohen Reife (R 3; fähig und mäßig motiviert)
und
hohen Reife (R 4; fähig und hoch motiviert).

Das Leitungsverhalten orientiert sich am Reifegrad der Gruppe:
1. Einer Gruppe, die eine niedrige Reife aufweist (R 1), muß hoch aufgaben- und nur wenig mitarbeiterbezogen begegnet werden: Anordnen, informieren, unterweisen sind gefordert.
Mitarbeiter benötigen in diesem Fall klare Orientierung und ein sicheres Fundament, auf dem sie ihre Aufgaben erfüllen können und von dem aus sie sich auch weiterentwickeln können.
2. Eine Gruppe mit einem niedrigen bis mäßigen Reifegrad (R 2) benötigt starke Mitarbeiter- wie starke Aufgabenorientierung: Sie muß überzeugt werden. Da die aufgabenbezogenen Fähigkeiten zugenommen haben, muß nicht mehr so

intensiv angeordnet und informiert werden, wichtig ist es aber, den Mitarbeiter/die Gruppe durch Gespräche zu motivieren und anzustacheln.

3. Liegt eine mäßige bis hohe Reife (R 3) vor, dann kann ihr gegenüber stark mitarbeiter- und wenig aufgabenbezogen gehandelt werden: Teilnahme, Partizipation, Mitbestimmung. Der Mangel an berufsbezogener Motivation ist jetzt gezielt anzugehen. Das kann dadurch geschehen, daß der Mitarbeiter immer stärker in Entscheidungsprozesse mit eingebunden wird, daß er zunehmend selbständig arbeitet. Fachliche Anweisungen und Informationen treten immer stärker in den Hintergrund, da der Mitarbeiter über ausreichende bis gute Kenntnisse verfügt.

4. Bei fähigen und hoch motiverten Gruppen (R 4) ist ein wenig beziehungs- und wenig aufgabenorientierter Leitungsstil angemessen. Er drückt sich aus etwa in Delegation. Der Vorgesetzte kann sich bei solchen Mitarbeitern und Gruppen weitgehend zurückziehen, indem er Aufgaben mit entsprechenden Kompetenzen und Befugnissen delegiert.

Ein Führungsstil *ist* dann effizient, wenn er sich am Reifegrad der Gruppe und der Mitarbeiter orientiert und wenn die Führungsperson entsprechend handelt. Der Führungsstil *bleibt* effizient, wenn er die Veränderungen und Entwicklungen, wenn er das Wachstum von Mitarbeitern und Gruppen registriert und wenn er dann entsprechend modifiziert wird.

7. Der kirchliche Normalfall: Die Teamleitung

7.1 Wie ein Regenbogen ...

Natürlich gibt es das nach wie vor, daß eine Gemeinde von nur einer Person geleitet wird. Sie entscheidet in letzter Instanz, sie bereitet die Beschlüsse für die gemeindliche Leitungsgruppe vor, die dann ein reines Akklamationsgremium ist, sie führt die Beschlüsse auch aus und kontrolliert sich schließlich noch selbst. Auch wenn es im evangelischen Raum so etwas, schaut man auf die kirchengesetzlichen Bestimmungen, nicht geben dürfte, manchmal ist es dennoch Praxis. Woran das jeweils liegt, sei dahingestellt. In den katholischen Gemeinden sieht die Sache etwas anders aus. In ihnen haben die Pfarrgemeinderäte im Grunde nur eine beratende Aufgabe. In der Praxis wird hier jedoch meist kollegial geleitet. Das Ein-Mann-Prinzip gilt in der Wirklichkeit in der Regel längst nicht mehr. Die Anforderungen an die Leitung einer Gemeinde sind mittlerweile so weit gefächert, so differenziert, so anspruchsvoll, daß eine Person völlig überfordert wäre, wolle sie das alles allein bewältigen. Personalfragen, Haushalts- und Finanzangelegenheiten, Baufragen, Seelsorge, Erwachsenenbildung, Arbeit mit Kindern und Jugendlichen, die gemeindliche Seniorenarbeit, diakonische Aufgaben und und und ... Da kann niemand in allen Bereichen letztlich kompetent sein. Hier müssen ganz unterschiedliche Fähigkeiten, Gaben und Kompetenzen zusammenkommen und sich gegenseitig ergänzen, damit aus den vielen unterschiedlichen Facetten ein Ganzes wird. Wie ein Regenbogen: Er ist ein Ganzes, unverwechselbar und charakteristisch, zugleich besteht er aus verschiedenen Farben, nicht nur aus einer. Das wäre ein langweiliger Regenbogen. Genauso ist es mit den Kirchenvorständen und Pfarrgemeinderäten. Wenn nur einer oder eine das Sagen hätte, dann wäre es eintönig, da würde Farbe verlorengehen, da würde „Gruppenleben“ verlorengehen: gegenseitige Bereicherung, unterschiedliche Sichtweisen, verschiedenartige Kompetenzen, unterschiedliche Frömmigkeiten, vielfältige Lebenserfahrungen, gegenseitige solidarische Kritik, gemeinsames Nachdenken, gegenseitiges Stützen, gemeinsames Lachen und Trauern.
Teamleitung wie ein Regenbogen: Vielfalt in der Einheit, das Ganze ist mehr als die Teile.

7.2 Was ist unser Leitungsstil? Bildhafte Assoziationen

Wir stellen Ihnen hier einige Modelle vor, wie Leitung durch eine Gruppe, durch ein Team wahrgenommen werden kann. Das sind keine wissenschaftlichen Beschreibungen (dazu später etwas mehr), es sind Bilder. Aber gerade Bilder können anregen, über sich nachzudenken. Sie können die Bilder natürlich auch verändern und modifizieren. Vielleicht fallen Ihnen auch noch weitere bildhafte Beschreibungen Ihres Leitungsstiles ein. In welchem Modell oder in welcher Kombination von Modellen finden Sie sich am ehesten wieder?

Modell „Spinne im Netz"

Der Kirchenvorstand/Pfarrgemeinderat sieht sich als Kern der ganzen Gemeinde; er ist bestens über alles und alle informiert. Er macht sich kundig, ihm wird auch vieles zugetragen. Nichts entgeht seinem wachen Blick. Er neigt dazu, MitarbeiterInnen sehr genau zu kontrollieren. Machtbewußtsein kann ihm durchaus attestiert werden. Er läßt sich nicht so schnell in seine Arbeit hineinreden. Was ihn noch kennzeichnet ist ein hohes Maß an Gruppenidentität, er hat ein markantes Wir-Gefühl.

Modell „Parkbank"

Bei allen Interessen an der Gemeindearbeit hat dieser Pfarrgemeinderat/Kirchenvorstand doch ein eher distanziertes Verhältnis zu ihr. Er nimmt wahr, was in der Gemeinde so geschieht, aber doch eher passiv. Er sitzt wie auf einer Parkbank, schaut zu, kommentiert auch einmal, ist dabei sehr gelassen, fast gemütlich. Er ist zufrieden, wenn alles seinen geregelten Gang geht. Aufregung mag er nicht. Impulse gehen von ihm nicht aus. Wie sich die einzelnen Mitglieder des Kirchenvorstandes/Pfarrgemeinderates auf der Parkbank verhalten, ist natürlich unterschiedlich. Der eine sitzt interessiert nach vorne geneigt, ein anderer träumt ein wenig, und ein Dritter unterhält sich angeregt mit seiner Nachbarin.

Modell „Krückstock"

Der Kirchenvorstand/Pfarrgemeinderat hinkt ständig hinter allem her, er hat Mühe, mit der Entwicklung Schritt zu halten. Gelegentlich bleibt er stehen und winkt mit dem Krückstock hinter den anderen her, manchmal hilfesuchend, manchmal drohend. Wenn er die anderen dann doch einmal erreicht, dann muß er das absegnen, was sie bereits entschieden und gemacht haben. Dann murrt er ein wenig, fragt, das allerdings mehr rhetorisch, für was es ihn denn überhaupt gebe. Aber schließlich bleibt ihm doch nichts anderes übrig. Was er aber doch immer wieder schafft: Die anderen werden von ihm genötigt, wenigstens für eine gewisse Zeit stehenzubleiben. Diese Momente genießt er dann sehr. Ein solcher Kirchenvorstand/Pfarrgemeinderat neigt dazu, mürrig und mißtrauisch zu sein. Auf MitarbeiterInnen wirkt er kaum motivierend, eher bremsend.

Modell „Stammtisch"

Da hocken sie bei ihren Sitzungen eng beieinander. Hoch geht es her, wenn die Frage geklärt werden muß, welche Bezüge für die neuen Stühle im Gemeindehaus genommen werden sollen. Nahezu turbulent wird es, mit hohem Geräuschpegel, ist der Konfirmandenunterricht bzw. die Firmvorbereitung wieder einmal Thema: „Was haben *wir* früher alles auswendig lernen müssen!? Und heute?" Daß sich die Konfirmandinnen und Konfirmanden bzw. Firmlinge im Gottesdienst kaum noch sehen lassen, wird ebenfalls leidenschaftlich debattiert. Es wird allerdings sehr schnell still, wenn die Pfarrerin/der Pfarrer um die Teilnahme von zwei oder drei Mitgliedern am Konfirmandenunterricht/an der Firmvorbereitung bittet, um sich ein besseres Bild machen zu können. Dann wird gleich abgewiegelt: „Na ja, so haben wir es ja auch nicht gemeint." Der Stammtisch-Kirchenvorstand/Pfarrgemeinderat versteht sich als Stimme des Volkes, als Repräsentant der Gemeinde. Bis zu einem gewissen Grad ist er das auch. Er steht meist für den eher konventionell-traditionsorientierten Gemeindeteil. Damit ist er auch zufrieden. Er diskutiert lebhaft, setzt aber wenig in Bewegung.

Modell „Spielplatz"

Der Kirchenvorstand/Pfarrgemeinderat ist ein wahrer Tummelplatz, ein breites Betätigungsfeld für unterschiedliche Interessen. Während der eine kräftig schaukelt, buddelt einer im Sandkasten und backt Kuchen, andere wechseln sich auf der Rutschbahn ab. Gelegentlich sind solche Kirchenvorstände/

Pfarrgemeinderäte ein Ersatz für eine in anderen Feldern nicht erhaltene Bestätigung. Es geht dabei lebhaft zu, es wird aber wenig gemeinsam getan. Das Bewußtsein, eigentlich das die Gemeinde leitende Team zu sein, ist nur schwach ausgeprägt. Im Grunde ist es eine Solistentruppe, auch wenn die Mitglieder hin und wieder zu einem gemeinsamen Spiel zusammenkommen. Routineangelegenheiten werden recht widerwillig erledigt, mit Freude und Engagement verfolgt man allerdings seine Hobbies. Was immer wieder erfolgreich geleistet wird, ist additiv, es fehlt eine Konzeption.

Modell „Wegbegleiter"
Ein Kirchenvorstand/Pfarrgemeinderat, der ein Wegbegleiter-Selbstverständnis hat, macht sich immer wieder Gedanken über die Gemeindearbeit und die in der Gemeinde tätigen MitarbeiterInnen. Er bietet sich ihnen als Gesprächspartner an, besonders an Weggabelungen. MitarbeiterInnen können sich auf ihn verlassen. Gemeinsam mit ihnen berät er, wohin der Weg gehen soll.

Modell „Marionette"
Dieser Kirchenvorstand/Pfarrgemeinderat zieht die Strippen. Er versteht sich als Leitungsorgan, das die Geschicke der Gemeinde lenkt. Er tut dies recht bewußt, und er achtet darauf, daß sich die Fäden der Marionetten nicht verheddern. Er hat klare Vorstellungen davon, wer was zu tun hat. Bei solchen Kirchenvorständen/Pfarrgemeinderäten ist immer auch wieder eine klare

Aufgabenzuordnung festzustellen. Die einzelnen Mitglieder sind für jeweils verschiedene Zweige der Gemeindearbeit verantwortlich. Es wird darauf geachtet, daß alles reibungslos läuft. Die Beziehung zwischen den Marionettenspielern und den Marionetten kann unterschiedlich aussehen. Einige pflegen den Austausch mit den Marionetten, indem sie sich mit ihnen zusammensetzen, um die nächsten Schritte abzusprechen, andere halten sich eher auf Distanz und genießen ihre Einflußmöglichkeiten.

Modell „Kindergarten"

In einem Kindergarten gibt es Erzieherinnen. Sie legen die Spielregeln fest, bestimmen, was gespielt wird und wann Ruhepausen einzuhalten sind, greifen ordnend ein, wenn es zu turbulent wird. Ein Pfarrgemeinderat/Kirchenvorstand mit einem solchen Selbstverständnis schaut bewundernd die Erzieherinnen an, das kann eine Pfarrerin, ein Pfarrer oder ein anderes starkes Mitglied des Gremiums sein. Sie scharen sich um die Erzieherin, einige kuscheln sich an sie, natürlich bockt auch mal der eine oder andere, letztlich ist es aber immer klar, wer den Ton angibt. In der Regel werden kleine Aufträge willig ausgeführt, wendet sich eine Erzieherin einem Kind zu, dann strahlt es über das ganze Gesicht. Untereinander rivalisiert man gelegentlich um die Zuneigung der Erzieherinnen. Die Kleinen berichten immer wieder von zu Hause, von der Welt außerhalb des Kindergartens, von der Begegnung mit anderen Menschen. Es sind aber die Erzieherinnen, die letztlich entscheiden, was wichtig ist.

7.3 Leitungsstile – auf den Begriff gebracht

In den zahlreichen Führungs- und Managementbüchern findet sich in der Regel auch ein Kapitel über Leitungsstile (z.B. Rush, S. 217 ff; Listing, S. 83 ff; Müller-Schöll, S. 138 ff). Auch wenn die Begriffe etwas variieren, es handelt sich meist um die folgenden vier Leitungstypen. In der Praxis treten diese „Idealtypen" nie in Reinkultur auf, es herrschen Mischformen vor. Aber oft dominiert doch ein bestimmter Zug.

1. „Autoritärer Stil"

Ein Gruppenleiter erteilt Anordnungen oder Befehle. Er überwacht, ob die Anordnungen auch zielorientiert ausgeführt werden. Kontrolle ist das zentrale Merkmal dieses Leitungsstils. Gruppenmitglieder reagieren mit Gehorsam darauf, sie führen die Anordnungen aus, manche folgen dem Gruppenleiter auch ganz blind.

Eine autoritäre Leitung definiert, was wichtig und nicht wichtig ist, Entscheidungen sind oft längst getroffen oder durch Absprachen entsprechend vorbereitet, Ideen und Vorschläge von MitarbeiterInnen werden nicht zur Kenntnis genommen. Ein autoritärer Leiter steuert Gespräche und Entscheidungen so, daß sie zu dem von ihm gewünschten Ergebnis kommen. Gruppenmitglieder mit eigenen Ansichten sind unerwünscht und werden als notorische Kritiker verunglimpft.

Auf der anderen Seite: Gruppenmitglieder fügen sich mehr oder weniger willig der „Autorität", letztlich sind viele aber unzufrieden. Kritik wird natürlich nicht offen geäußert, das geschieht hintenherum. Wegen der (scheinbaren) Abhängigkeit vom autoritären Leiter wollen sich viele mit ihm auch gutstellen, sie biedern sich an, buhlen um seine Gunst und sind entsprechend eifersüchtig auf die anderen. Da Entscheidungen meist von dem autoritären Leiter getroffen werden, sind sie nicht Sache der Gruppenmitglieder, sie stehen nicht dahinter, sie tragen sie nicht mit. Die Mitarbeit wird im Grunde als sinnlos angesehen, keiner strengt sich an, die Atmosphäre ist passiv und lustlos. Der Gruppenzusammenhalt ist nur schwach. Es werden, darauf macht Klaus Antons aufmerksam, „Vergeltungswünsche der Gruppenmitglieder (mobilisiert), die sie ... am Gruppenleiter selbst, an den schwächeren Gruppenmitgliedern und, wo dies nicht möglich ist, außerhalb der Gruppe, in der Familie oder in anderen Gruppen zu befriedigen versuchen. Das Ansteigen der Aggression, der Feindlichkeit, gegeneinander und der destruktiven Tendenz gegenüber neu destruktive Tendenz heute zu sehr bekannt, um als direkte Folge eines ‚tüchtigen‘ Führungsstils noch übersehen werden zu können“ (Antons, S. 92).

2. „Patriarchalischer Stil“
Der patriarchalische Stil ist eine abgeschwächte Form des autoritären Leitungsstils. Wird der autoritäre Stil durch eine Ein-Weg-Kommunikation gekennzeichnet, so enthält der patriarchalische Elemente einer Zwei-Weg-Kommunikation. Patriarchalische Leitung nimmt Vorschläge, alternative Handlungsideen und Rückfragen entgegen, läßt sie zu und kann auch darauf reagieren. Aber schließlich ist immer klar, wer die letzte Entscheidung trifft. Auch herrscht eine Oben-unten-Beziehung vor. Gruppenmitglieder werden nicht als gleichberechtigte Partner betrachtet, mit denen gemeinsam ein Ziel erreicht oder eine Aufgabe gelöst werden soll. Im Mittelpunkt des Geschehens steht der patriarchalische Leiter, der oft eine gönnerhafte Attitüde an den Tag legt. Er erlaubt eben, daß die „Kinder“ eigene Ideen entfalten und sich Gedanken machen. Im Grunde ist der patriarchalische Leiter davon überzeugt, daß er alles am besten kann. Hinter dem Väterlich-Gönnerhaften steckt eine große Portion Mißtrauen anderen gegenüber. Anerkennung auszusprechen fällt ihm schwer, schnell ist er beleidigt, wenn andere nicht mit ihm übereinstimmen.

3. „Laissez-faire-Stil“
In diesem Fall wird Leitung nicht ausgeübt, der Leitende ist passiv und läßt praktisch alles geschehen, ohne einzugreifen. Scheinbar gibt er den MitarbeiterInnen Raum zur Entfaltung der in ihnen liegenden Möglichkeiten, scheinbar sollen so die gruppeneigenen Kräfte sich entwickeln können. Aber gerade durch seine Passivität prägt er nachhaltig das Gruppengeschehen. Gruppenmitglieder bekommen durch dieses Verhalten sehr negative Botschaften: Desinteresse, Hilflosigkeit oder Resignation. Es entsteht die Gefahr eines Vakuums, das durch „gruppeneigene“ Führer gefüllt werden kann: „Tatsächlich bewirkt dieser Führungsstil eine weitgehende Verwahrlosung der triebstarken und eine Terrorisierung der vitalschwachen Gruppenmitglieder. So kommt es zu einem raschen Zerfall der Gruppe, der sich in Cliquenbildung und in zunehmenden Rivalitäten äußert und zur schließlichen Auflösung der Gruppe führt. ... (Es) tritt eine Infantilisierung ein, weil die Gruppe mit ihren Bedürfnissen nicht ernstgenommen wird“ (Antons, S. 93).
Anzeichen für diesen Leitungsstil sind, wenn der Leiter sich um nichts kümmert, wenn er unzuverlässig ist, wenn die Sitzungen nicht pünktlich beginnen und enden, wenn er selbst keine Ideen und Anregungen entwickelt,

wenn er kaum Anerkennung und Kritik äußert. Gruppenmitglieder sind mit solch einem Leitungsstil meistens unzufrieden, sie klagen über die sinnlosen Sitzungen und die verschwendete Zeit. Sitzungen verlaufen oft chaotisch, es gibt viele Seitengespräche, es wird gewitzelt, alle reden durcheinander, das Interesse an der gemeinsamen Arbeit läßt nach.

4. „Kollegialer, demokratischer Stil“
Die Führung einer Gruppe liegt bei ihrem Leiter. Er achtet aber darauf, daß die Gruppe ermächtigt wird, sich verantwortlich an den Gruppenprozessen und -entscheidungen zu beteiligen. Er regt an, fragt nach, faßt zusammen, nimmt Minderheiten ernst, aktiviert die Gruppe. Er sorgt für Rahmenbedingungen, die eine partnerschaftliche Zusammenarbeit ermöglichen. Da sich die Gruppenmitglieder konstruktiv an den Diskussionen und Entscheidungen beteiligen können, entwickeln sie ein Wir-Gefühl, das auch dann trägt, wenn der Leiter nicht anwesend ist. Kollegiale Leitung bemüht sich um Offenheit, sie informiert rechtzeitig und umfassend, sie ist aktiv bei Entscheidungen beteiligt, ermuntert aber, Alternativen zu formulieren, sie gibt den Gruppenmitgliedern einen großen Spielraum für eigenverantwortliches Handeln, stellt Probleme zur Diskussion und ist offen für Kritik und andere Meinungen. Diese Verhaltensweisen ermuntern die Gruppenmitglieder, sich für die gemeinsame Sache zu engagieren. Es werden die kreativen Kräfte der Gruppe geweckt, die Gruppenmitglieder äußern sich spontan, sie vertreten ihre Interessen, nehmen aber zugleich aufeinander Rücksicht. Es herrscht eine Atmosphäre der Zufriedenheit, da sich die Gruppenmitglieder ernstgenommen fühlen. Die Gruppenmitglieder begegnen dem Leiter loyal und offen.

In den Leitungstypologien geht es in der Regel um das Leitungsverhalten eines Leiters/einer Leiterin. So nahtlos kann man diese Typisierung natürlich nicht auf eine leitende Gruppe anwenden. In den „bildhaften Assoziationen“ wurde der Versuch gemacht, einige Elemente auf Gruppen zu übertragen. Thomas Listing macht darauf aufmerksam, daß in Gruppen bestimmte Funktionen und Aufgaben übernommen werden, „die vom Leiter durchaus unabhängig sind. Die verschiedenen Rollenfunktionen sind aber zugleich auch Führungsfunktionen; dies bedeutet: Führung durch die Gruppe selbst. In der Praxis sieht das so aus: Ein Gruppenmitglied übernimmt ohne bestimmte Vollmachten eine Führungsfunktion, die je nach spezifischer Gruppensituation endet oder ausläuft, um einem anderen Gruppenmitglied diesen Führungsplatz einzuräumen. Dies geschieht im rotierenden Verfahren und ist keiner bestimmten Regel unterworfen“ (Listing S. 83f).

7.4 Chancen und Gefahren einer Leitung durch Gruppen

Kirchenvorstände und Pfarrgemeinderäte sind Gremien, die als Gruppen Leitung ausüben. Dabei haben Kirchenvorstände größere Spiel- und Gestaltungsräume als Pfarrgemeinderäte. Warum das so ist, brauchen wir hier nicht zu diskutieren. Auch wenn die rechtlichen und theologischen Rahmenbedingungen unterschiedlich sind, so kann trotzdem gefragt werden: Wie leistungsfähig ist ein Kirchenvorstand, ein Pfarrgemeinderat? Und: Was kann andererseits die Leistungs- und Leitungsfähigkeit beeinträchtigen?
In diesem Abschnitt wollen wir Sie mit einigen gruppendynamischen Prozessen vertraut machen, die dazu führen, daß es einer Gruppe erschwert wird, ihre Aufgabe der Leitung angemessen wahrzunehmen. Dann werden wir Ihnen Anregungen geben, wie eine Gruppe ihre Arbeitsfähigkeit verbessern kann.

7.4.1 Der Gruppendruck

Der Grundgedanke ist, daß sich Menschen in einer Gruppe anders verhalten, als wenn sie allein sind. Gruppen haben ihre eigene Dynamik, ihre eigenen Gesetzlichkeiten. Sie beeinflussen das Verhalten ihrer Mitglieder. Zahlreiche Untersuchungen zeigen, daß Menschen dazu neigen, sich einer Gruppenmeinung anzuschließen, wenn „das zu beurteilende Objekt mehrdeutig ist", wenn „die Meinung öffentlich gesagt werden muß", wenn „die Majorität groß ist, die eine Gegenmeinung vertritt" und wenn „die Gruppe besonders freundlich ist oder engen Kontakt hat" (Antons, S. 193). Man spricht hier auch von „Gruppendruck". Diese Erscheinungen sprechen nicht gegen eine Gruppenleitung, solange sie allen bewußt sind und Gegenmaßnahmen ergriffen werden.
Doch jetzt einige Illustrationen:
1. Gerade kirchliche Gruppen stehen oft unter einem starken Harmoniedruck. Einmütigkeit und Harmonie sind wichtige Werte. Oft ist dies allerdings nur eine Illusion. Es gibt nun mal Interessensgegensätze, die aber nicht ausgetragen werden. Nach dem Motto „Wir sind ein Herz und eine Seele" werden abweichende Meinungen unter den „Teppich gekehrt", formal gefundene Mehrheitsentscheidungen durch Abstimmung werden als Beleg für Einmütigkeit gewertet. Nichts gegen demokratische Spielregeln, wenn aber starke Minderheiten auf diese Weise „abserviert" werden, dann kann von Einmütigkeit keine Rede sein. Wenn unterlegene Gruppenmitglieder sich dann allzu schnell der Mehrheitsmeinung anpassen, dann „Achtung!"
2. Vorsicht ist auch dann geboten, wenn sich in einer Gruppe ein Übermaß an „Wir-Gefühl" entwickelt: „*Wir* sind die besten", „*wir* sind unverwundbar",

„*unsere* Gruppe ist überhaupt die beste, die es gibt". Jede Gruppe lebt von einem „Wir-Gefühl", bedenklich wird es dann, wenn andere Gruppen abgewertet werden. Der Wirklichkeitsbezug kann gestört sein, die Gruppe überschätzt sich selbst. Eine Folge kann sein, daß selbstkritische Stimmen nicht mehr genügend zum Zug kommen, Entscheidungen werden zunehmend unreflektierter und riskanter getroffen.

3. Aus dem oben erwähnten Wunsch nach Harmonie folgert oft eine ausgeprägte Konfliktscheue. Das führt nicht dazu, daß es keine Konflikte gibt, es führt dazu, daß die Konflikte unterschwellig wirken. Sie werden nicht offen angesprochen. Ist beispielsweise der Vorsitzende des Kirchenvorstandes mit der Arbeit des Bauausschusses nicht zufrieden, dann sagt er das dem Vorsitzenden nicht offen. Seine Reaktion könnte dann so aussehen: „Das Gespräch mit dem Architekten XY werde ich selber führen!" Unterschwellige, verborgen gehaltene Konflikte stören die Arbeitsfähigkeit einer Gruppe.

4. Jeder und jede kennt sie: die Meinungsführer. Sie melden sich schnell zu Wort, treten selbstbewußt auf, fällen Urteile und sagen ihre Meinung völlig ungeschminkt: „Herr A., das haben wir alles bereits auf der letzten Sitzung besprochen. Ich kann mir nicht denken, daß es noch weitere Gesichtspunkte gibt. Frau Vorsitzende, wir sollten zum nächsten Tagesordnungspunkt übergehen." Herr A. sinkt in sich zusammen, das war's. Solche Situationen sind ein Warnsignal für das Gruppenleben.

5. Die Kirchen gehören, wie etwa Tageszeitungen und Gewerkschaften, zu den sogenannten „Tendenzbetrieben". Das ist ein Begriff aus dem Arbeitsrecht. Er meint, daß diese Betriebe eine politische oder karitative, eine konfessionelle oder künstlerische Bestimmung und Zielrichtung haben. Und diese Bestimmung ist gerade bei den Kirchen sehr stark normativ, also wertorientiert. Menschen arbeiten in den Kirchen deshalb mit, weil sie die Grundwerte der jeweiligen Kirche im großen und ganzen teilen. Die Einschränkung „im großen und ganzen" soll deutlich machen, daß es hier natürlich auch Unterschiede und Differenzen gibt. Bei Meinungsverschiedenheiten im kirchlichen Rahmen passiert es schnell, daß unterschiedliche Grundwerte aufeinanderprallen, die jeweils für sich gesehen ihre Berechtigung haben. So weit so gut. Wenn die eigene Position allerdings mit einem besonderen moralischen Pathos vorgetragen wird, die andere Sichtweisen ausschließt, dann wird es bedenklich. Dann wird nämlich moralischer Druck auf Andersdenkende oder Minderheiten ausgeübt. Es werden Denksperren verhängt, ungewohnte Lösungsideen bekommen keine Chance, es wird zensiert.

6. Neben der Zensur durch andere gibt es auch noch das Phänomen der Selbstzensur. Einzelne oder auch Minderheiten melden ihre Fragen und

Zweifel erst gar nicht an, sie ziehen sich zurück. Das wird dann mit dem Spruch, daß der Klügere nachgibt, bemäntelt und scheinbar gerechtfertigt.

7.4.2 Sieben Maßnahmen gegen den Gruppendruck

Soweit also einige Beispiele für Gruppendruck. Sie machen deutlich, daß die effektive Zusammenarbeit von Gruppen Gefahren ausgesetzt ist. Gruppen arbeiten nicht deshalb besser als einzelne, nur weil sie Gruppen sind. Wenn eine Gruppe aber lernt, diese Fallen zu sehen und zu umgehen, dann kann sie sich zu einer leistungsfähigen Leitungsgruppe entwickeln.
Das gemeinsame Merkmal der aufgeführten Beispiele für einen Gruppendruck besteht in einer *Engführung*: auf eine Person, auf eine Meinung, auf eine (moralisch legitimierte) Lösung, auf eine falsche Selbsteinschätzung. Gruppen legen sich so ein Korsett an.
Was kann getan werden, um ein solches Korsett zu sprengen? Sehr anregend und bedenkenswert sind die Maßnahmen, die ursprünglich für politische Entscheidungen im Weißen Haus entwickelt wurden:

1. Zweifel und Kritik werden institutionalisiert:
Entweder ist ein Mitglied der Gruppe der „advocatus diaboli“ (der „Advokat des Teufels“, jemand, der ganz bewußt Gegenpositionen einnehmen soll) oder alle werden aufgefordert, Kritik zu äußern.
2. Zurückhaltung des Leiters/der Leiterin:
Die jeweilige Leitungspersönlichkeit beziehungsweise der Fachmann äußert seine Meinung zunächst nicht, um so den Spielraum für den Gedankenaustausch zu erweitern.
3. Nicht beteiligte Fachleute fragen:
Bei komplexeren Problemen kann es sinnvoll sein, fremden Fachleuten das Problem vorzulegen. Es soll damit erreicht werden, daß herrschende Meinungen überprüft werden (das könnte eine Chance etwa für die Ausschüsse sein, ganz gezielt „QuerdenkerInnen“ zur Mitarbeit einzuladen).
4. Außenkontakte suchen:
Bevor es zu Entscheidungen kommt, sollte jedes Gruppenmitglied das Problem mit einem anderen Menschen besprechen; das kann eine fachlich versierte Persönlichkeit sein, ein guter Freund oder eine gute Freundin oder auch der Partner/die Partnerin. Von diesen Kontakten und Gesprächen wird dann der Gruppe berichtet. Auch auf diese Weise kann der Blick geweitet und einer Engstirnigkeit vorgebeugt werden.
5. Diskussion in Untergruppen:
Eine Gruppe teilt sich für eine Zeit in kleinere Gruppen auf, um die anstehenden Probleme zu besprechen. Das vermindert den Gruppendruck.
6. Die Gruppe nimmt sich selbst wahr:
Sie bedenkt, wie sie bisher diskutiert hat: ob Gruppendruck ausgeübt wurde, ob ausreichende Informationen eingeholt wurden usw. Korrekturen können noch vorgenommen werden.
7. Die „2. Wahl“ diskutieren:
Bevor eine endgültige Entscheidung gefällt wird, nimmt sich die Gruppe Zeit, um die „2. Wahl“, also eine Alternative, zu diskutieren. Sie bereitet sich auf diesem Weg darauf vor, daß die „1. Wahl“ möglicherweise nicht verwirklicht werden kann. Sie nimmt also von vornherein Handlungsalternativen in den Blick. (Nach Stroebe, S. 71)

Diese sieben Maßnahmen haben insgesamt das Ziel, eine Engführung zu vermeiden; sie wollen eine offene Atmosphäre und vorurteilsfreie Diskussion ohne „Scheuklappen“ ermöglichen.

7.5 Das leistungsfähige Leitungsteam

Bevor wir Ihnen eine „Merkliste für Gruppenmitglieder" geben, wollen wir Sie noch auf drei Aspekte hinweisen, die für die Leistungsfähigkeit einer Gruppe von zentraler Bedeutung sind: Information, Ziel und Feed back.
Die in einem Leitungsteam gebündelte Energie und Kraft kann sich dann entfalten, wenn alle seine Mitglieder die Chance haben, gleichberechtigt und gleichzeitig an die *Informationen* zu gelangen, die für die Arbeit wichtig sind (siehe dazu Kap. 5.6).
Sozialpsychologische Forschungen zeigen, daß es von ganz entscheidender Bedeutung ist, daß das *Ziel* und das *Selbstverständnis von Gruppen* geklärt sein sollte. Pfarrgemeinderäte und Kirchenvorstände müssen sich klar als Leitungsgremien verstehen (siehe dazu auch Kap. 8.3). „Je größer die Klarheit der Gruppensituation ist, umso mehr wird sich ein Gruppenmitglied von einer Aufgabe, die in engem Zusammenhang mit dem Gruppenziel steht, angezogen fühlen. ... Je größer die Klarheit der Gruppensituation ist, umso weniger werden Individuen feindselige Gefühle entwickeln. ... Es scheint, daß die Klarheit der Gruppensituation die Gruppenmitglieder dazu veranlaßt, ihre eigene Arbeit positiver einzuschätzen. Ebenso verhält es sich mit dem Gefühl der Gruppenzugehörigkeit beim Individuum; d.h. mit wachsender Klarheit der Gruppensituation erhöht sich die Identifikation mit der Gruppe, die Mitverantwortung an der Arbeit und die Sympathie für die Gruppe" (Listing S. 115).
Für die Arbeitsfähigkeit eines Teams ist es schließlich auch noch wichtig, daß es eine *„Feedback-Kultur"* (Rückmeldung) entwickelt. „Feedback ist eine Mitteilung an eine Person, die diese Person darüber informiert, wie ihre Verhaltensweisen von anderen wahrgenommen, verstanden und erlebt werden. Das möglich Maß und die Wirksamkeit des Feedback wird weitgehend bestimmt vom Maße des Vertrauens in der Gruppe und zwischen den jeweils betroffenen Personen." (Antons S. 108) Ein Feedback, das beschreibend (also nicht wertend und interpretierend), konkret (also nicht allgemein), angemessen (also nicht überzogen) ist und zur rechten Zeit kommt (nicht zu spät und Bereitschaft des anderen, ein Feedback zu empfangen), fördert gemeinsames Lernen und trägt zu einer Verbesserung der gemeinsamen Arbeit bei.

7.6 Eine Merkliste für Leitungsgruppenmitglieder

1. Ich bereite mich gründlich auf das anstehende Thema vor.
2. Ich will mit den anderen kooperieren und nicht konkurrieren.
3. Ich äußere meine Meinung, auch wenn sie von der anderer abweicht.
4. Ich benenne vorherrschende Meinungen und zweifle sie gegebenenfalls an.
5. Ich ermögliche durch mein Verhalten klare Entscheidungen.
6. Ich fordere die Gruppe auf, auch Alternativen zu bedenken.
7. Ich lege Wert darauf, daß alle ihre Meinung frei äußern können und fordere dazu auch auf.
8. Ich halte keine Monologe und höre zu.
9. Ich achte darauf, daß die Gruppe Kontakt zu anderen Gruppen hat und nicht im „eigenen Saft schmort".
10. Ich achte darauf, daß sich alle mit ihren Kompetenzen an den fälligen Entscheidungen beteiligen können.
11. Ich achte darauf, daß wir als Gruppe keine Entscheidung „vor die Nase" gesetzt bekommen.
12. Ich achte darauf und klage es notfalls ein, daß Entscheidungen auch in kleineren Gruppierungen (Untergruppen) diskutiert werden können.
13. Ich fordere immer wieder, daß sich die Gruppe für wichtige Entscheidungen Zeit läßt. Zeitdruck lehne ich ab.
14. Ich achte darauf, daß wir uns vielfältige Informationen beschaffen.
15. Ich (als LeiterIn einer Gruppe) presche mit meiner Meinung nicht zu schnell vor, um zu verhindern, daß die anderen nur noch zustimmen.
16. Ich fordere all das von mir und den anderen, da ich weiß,
    daß eine Gruppe gerade schwierige Sachverhalte besser betrachten kann,
    daß eine Gruppe Probleme besser und vielseitiger analysieren kann,
    daß eine Gruppe Ziele besser beschreiben kann.
    daß eine Gruppe mehr Handlungsalternativen entwickeln kann und
    daß eine Gruppe die Konsequenzen von Entscheidungen umfassender sieht als ein einzelner.

8. Wer sagt, wo es langgeht?
Ehrenamtliche und Hauptamtliche

8.1 Frauen in Ehrenämtern

Über Ehrenamtliche zu schreiben heißt zunächst einmal, über ehrenamtlich tätige *Frauen* zu schreiben. Über 80 Prozent der ehrenamtlichen Arbeit in den Gemeinden wird von Frauen wahrgenommen. Die Domäne der ehrenamtlichen Männer vor allem in den Leitungsämtern bröckelt auch allmählich. Der Anteil der weiblichen Mitglieder in Pfarrgemeinderäten und Kirchenvorständen wächst kontinuierlich.

Nicht nur die Kirchen, sondern auch Einrichtungen im Pflege-, Sozial- und Gesundheitsbereich sind auf ehrenamtliche Arbeit angewiesen, da der Staat und die Wohlfahrtsverbände nicht alles finanzieren wollen oder können. Ehrenamtliche Arbeit deckt in hohem Maße gesellschaftlich notwendige, aber nicht bezahlte Aufgaben ab. Die vor allem von Frauen geleistete ehrenamtliche Arbeit ist zunehmend keine Tätigkeit mehr von „Laien", sondern von professionell Ausgebildeten ohne Arbeitsplatz (zum Beispiel arbeitslose Gemeindepädagoginnen oder Sozialarbeiterinnen). In Zeiten wirtschaftlicher Rezession sind es besonders Frauen, die vom Arbeitsmarkt verdrängt und dann als unbezahlte Arbeitskräfte, also ehrenamtliche, umworben werden. Damit verschwimmen die Grenzen zwischen den bezahlten Professionellen und den nicht bezahlten Professionellen. Was dadurch an Geld, Gehältern und Sozialleistungen eingespart wird, geht in die Millionen.

Und noch einmal ein Blick aufs Geld: Ehrenamtliche Arbeit wird indirekt finanziert, entweder durch ein eigenes Einkommen (Berufstätigkeit oder Rente einer Frau) oder fremdes Einkommen (Berufstätigkeit des Ehemannes). Hinzu kommen Investitionen, wenn das eigene Telefon oder auch das Familienauto genutzt werden. Dazu ein Zitat aus dem Brief einer ehrenamtlichen Mitarbeiterin: „Seit acht Jahren mache ich im Auftrag der Kirchengemeinde Besuchsdienst. Für mitgebrachte Geschenke und für Fahrtkosten habe ich nie einen Pfennig ersetzt bekommen, finde das auch völlig normal. Den Dienst tue ich ja freiwillig, will doch nicht Bettler sein." Ehrenamtliche Frauen sind oft stolz darauf, daß sie ihr Engagement unentgeltlich und ihre Tätigkeit in großer Freiheit und Unabhängigkeit ausüben.

In den Leitungsämtern einer Gemeinde kommen sie allerdings mit kirchlichen Funktionären zusammen, die für die gleiche Aufgabe, für das gleiche zeitliche Engagement ein Gehalt beziehen. Das ist weithin ein Tabubereich. Priester, Pfarrerinnen und Pfarrer, Pastoral- und GemeindereferentInnen haben in der

Regel einen gesicherten wirtschaftlichen Hintergrund, sie brauchen um ihr Gehalt nicht zu kämpfen. Ehrenamtlich tätige Frauen verfügen oft nicht über diese Sicherheit. Geld hat für sie einen anderen Stellenwert als für Theologinnen und Theologen. Eine Frau, die eine Zeit lang als ständige Honorarkraft, also nicht ehrenamtlich, tätig war, sagte nach der Überweisung des ersten Honoras: „Jetzt kann ich mir endlich mal von meinen eigenen Geld Bücher kaufen!"
Eine geschlechtsspezifische Diskrepanz besteht auch in der Zuordnung von ehrenamtlichen Tätigkeitsbereichen. Das Ehrenamt spiegelt weithin noch die klassische Arbeitsteilung und Rollenzuschreibung wider, auch wenn es erste Anzeichen für Veränderungen gibt.
So werden beispielsweise die gemeindlichen Besuchs*dienste* zu über 80 Prozent von Frauen getragen (ein großer Teil der restlichen knapp 20 Prozent sind dann Funktionäre, seien es Pfarrer oder Zivildienstleistende), sie nehmen pflegerische, kommunikativ orientierte Aufgaben in den Gemeinden wahr. Männer ziehen es dagegen vor, über das Geld zu verfügen und auf diese Weise Einfluß auszuüben. „Die organisatorische und politische Kompetenz, wie sie sich jede Frau im Chaosmanagement von Familien- und Erziehungsarbeit oder im Kampf um ihre Rechte erwerben kann, werden in der Regel von Frauen nicht erwartet." (Schmidt, S. 23) Frauen werden im ehrenamtlichen Engagement oft zeitlich *über*fordert und von ihren Kompetenzen her *unter*fordert.
Worauf Eva Renate Schmidt auch noch aufmerksam macht: Ehrenamtliche Mitarbeiterinnen und Mitarbeiter werden oft als Lückenbüßer benützt: „Hauptamtliche gehen mit der von Ehrenamtlichen geschenkten Zeit oft fahrlässig um. Das kann die Überlängen von Sitzungen, das Nichteinhalten von Verabredungen oder auch das Überrumpeln beim Planen betreffen." (a.a.O.)
Die geschlechtsspezifische Problematik des Ehrenamtes verschärft die ohnedies vorhandene strukturelle Spannung zwischen Ehren- und Hauptamtlichen. Worin besteht nun dieses Spannungsverhältnis?

8.2 Das Spannungsverhältnis

Die Kirche als eine Nonprofit-Organisation hat eine sehr differenzierte innere Struktur (siehe dazu Kap. 2). Da sind zunächst die (Gemeinde-)Mitglieder, sie stellen das organisatorische Fundament der Kirche dar. Die Leistungen der Kirche für ihre Mitglieder, wie etwa Seelsorge und diakonisch-caritative Angebote, wurden ursprünglich von den Mitgliedern selbst erbracht. Diese veränderten durch ihr aktives Handeln und ihre Bereitschaft, in der Organisation Kirche Verantwortung zu übernehmen, natürlich ihren Status. Sie wurden

auf diese Weise „ehrenamtliche“ Mitarbeiter. Der Begriff steht natürlich nicht in der Bibel. Er ist noch gar nicht so alt. Um die Jahrhundertwende sprach man im übrigen vom Ehrenamt in einer Weise, die die Rollen von Frauen und Männern deutlich machte: „Ehrenbeamte“ (Männer!) und „Ehrendienerinnen“ (Frauen!).
Da die Kirche in ihrer 2.000jährigen Geschichte ein expandierendes „Unternehmen“ war und auch heute von imponierender Größe ist, stieß das System mit ehrenamtlich Tätigen bald an seine Grenzen. Zur Illustration: Die mittelgroße Evangelische Kirche in Hessen und Nassau hat etwa 2,1 Millionen Mitglieder, geschätzte 60.000 Ehrenamtliche und rund 14.000 Angestellte, davon zehn Prozent PfarrerInnen. In der Zahl sind die in der Diakonie Tätigen nicht einmal enthalten. Ein viele Millionen Menschen umfassendes soziales System kann nicht mehr nur von ehrenamtlichen Mitarbeiterinnen und Mitarbeitern geleitet und verwaltet werden. Es sind Leute gefordert, die sich *permanent* um die Geschäfte der Nonprofit-Organisation Kirche kümmern können, was Ehrenamtliche eben nicht können. Die Kirche muß dafür Arbeitskräfte einstellen, die sogenannten „Funktionäre“. Das sind Priester und Pfarrerinnen, Pfarrsekretärinnen und Gemeindepädagoginnen, das sind Jugendreferenten und Küster, Pastoralreferentinnen und Verwaltungsfachleute. Ihnen gemeinsam ist, daß sie Arbeitnehmer sind (s. dazu Kap. 2.1). Als solche haben sie einen völlig anderen Bezug zur Kirche, sie haben eine andere Motivations- und Interessenlage als Ehrenamtliche oder „Nur-Mitglieder“. Als Arbeitnehmer wollen sie beispielsweise ihre individuellen Bedürfnisse befriedigen, sie wollen ein angemessenes Einkommen vom Arbeitgeber Kirche erhalten, sie wollen optimale Arbeitsbedingungen, eine geregelte Arbeitszeit, kollegial-professionellen Austausch usw. Darin unterscheiden sie sich nicht von ihren Arbeitnehmerkolleginnen und -kollegen in der Erwerbswirtschaft. Selbst wenn sich ein kirchlicher Funktionär voll mit den Zielen seines Arbeitgebers identifiziert, so hat er eine andere Position innerhalb des Systems als die Mitglieder. Diese sind Nutznießer der Leistungen der Kirche, die Funktionäre dagegen erbringen diese Leistungen.
Die Unterschiede gehen aber noch tiefer. Wer hat das als Mitglied eines Kirchenvorstandes bzw. Pfarrgemeinderates nicht schon erlebt: Ein x-beliebiges Thema steht zur Behandlung auf der Tagesordnung, und wer weiß schon wieder am besten Bescheid? Der Pfarrer! Er verfügt über Hintergrundinformationen, er kennt die rechtlichen Rahmenbedingungen, er weiß, wie und was zu machen ist. Mit seinem „Herrschaftswissen“ kann er Vorhaben unterstützen oder auch unterbinden. Oder: Da ist die Pastoralreferentin, einer ihrer Schwerpunkte ist die Erwachsenenbildung. Weil sie noch eine pädagogische

Zusatzausbildung hat, kann ihr keiner „gegen den Karren fahren“. Sie kennt die neuesten pädagogischen Konzeptionen, ist in didaktischen Fragen versiert und weiß obendrein noch, wie man Zuschüsse zu den Veranstaltungen beibringt. Und legen der Pfarrer oder die Pastoralreferentin dem Kirchenvorstand bzw. Pfarrgemeinderat irgendwelche Anträge vor, natürlich gut begründet und deshalb kaum abzulehnen, muß das Gremium halt zustimmen, man weiß es ja auch nicht besser, oft gepaart allerdings mit einem unguten Gefühl in der Magengrube. Das, was alltäglich in Kirchenvorständen und Pfarrgemeinderäten geschieht, beschreibt Schwarz so: „Der Milizionär [Schweizer Begriff für Ehrenamtliche] ist ... bezüglich der in der NPO [Nonprofit-Organisation] anfallenden Aufgaben und zu lösenden Problemen der *Amateur*, der Funktionär dagegen der *Profi*. Das Amateurhafte des Milizers liegt schlicht und einfach in der Tatsache begründet, daß er sich nur nebenamtlich, meist geradezu hobbymäßig, mit den Geschäften der NPO befaßt. Er kann also, auch bei bestem Willen, nie den gleichen Informationsstand, Sachverstand und Erfahrungsschatz erwerben wie der Funktionär, der ja tagtäglich und vollamtlich im Geschäftsgeschehen steht und deshalb *der* Spezialist für die NPO-Probleme ist. Sehr oft finden wir deshalb so etwas wie eine Haßliebe des Milizers zum Funktionär: Man weiß, daß man ohne die Profis und Spezialisten nicht auskommt, fühlt aber gleichzeitig eine Abhängigkeit von den Funktionären bis hin zum Verdacht des Manipuliertwerdens durch den übermächtigen Sachverständigenapparat.“ (Schwarz 1986, S. 12)
Welche Folgen hat diese Konstellation?
Die Funktionäre erarbeiten Pläne, entwickeln Konzeptionen und bereiten Beschlüsse vor. Sie haben damit eine ganz beherrschende Position inne. Jeder Pfarrgemeinderat und Kirchenvorstand kennt das. Sie können oft nur noch zustimmen, allenfalls kleine Änderungen vornehmen oder natürlich auch eine Sache völlig boykottieren. Wir haben es hier mit zwei unterschiedlichen Aufgaben zu tun: Da gibt es die *formale Kompetenz* der gewählten Leitungsgremien, Beschlüsse zu fassen, Entscheidungen zu treffen, und die *sachlich-fachliche Kompetenz* der Entscheidungsvorbereitung, die meist bei den Funktionären liegt. Sie haben eben den Sachverstand (sollten ihn haben, denn dafür werden sie bezahlt!), sie kennen die Probleme und verfügen über die notwendigen Informationen und das professionelle Know-how zur Problemlösung. Die Folge ist ein konfliktträchtiges Ungleichgewicht, das nur in den seltesten Fällen von den Betroffenen thematisiert und bearbeitet wird.
Das Ungleichgewicht ist nie völlig zu beheben, aber Funktionäre wie ehrenamtlich Leitende sollten sich gezielt darum bemühen, es nicht größer werden zu lassen. Dazu einige Anregungen:

1. Kompetente und selbstbewußte ehrenamtliche Mitarbeiterinnen und Mitarbeiter für die Ausschuß- und Projektarbeit gewinnen.
2. Grundsatzfragen der Gemeindearbeit öfter als üblich auf Mitarbeiterkonferenzen, an denen auch die ehrenamtlichen Mitarbeiter teilnehmen, und Gemeindeversammlungen diskutieren und Empfehlungen formulieren lassen.
3. Die Hauptamtlichen regelmäßig in den Kirchenvorstand bzw. Pfarrgemeinderat einladen, damit sie frühzeitig Planungen und Konzeptionsentwicklungen vorstellen und mit den Verantwortlichen diskutieren können.
4. Denkbar ist auch, für einzelne Zweige der Gemeindearbeit Beiräte aus Betroffenen und am Thema Interessierten einzurichten, die die jeweiligen Funktionäre kritisch-konstruktiv begleiten.
5. Einzelne Ehrenamtliche sollten nicht überlastet werden (Sie kennen das ja: Da werden Leute gesucht, und es wird dann vor allem an die gedacht, die bereits eine Fülle von Aufgaben haben), damit sie genügend Kraft und Zeit haben, ihre Kompetenzen auch wirksam werden zu lassen. Wer mit Arbeit zugeschüttet wird, erstickt schließlich. Ehrenamtliche dürfen nicht „verheizt“ werden, darauf müssen Kirchenvorstände und Pfarrgemeinderäte achten.
6. Kirchenvorstände und Pfarrgemeinderäte sollten schließlich in regelmäßigen Abständen, beispielsweise alle zwei Jahre, ihre Arbeit unterbrechen und kritisch Bilanz ziehen. Die gemeindlichen Funktionäre sollten daran beteiligt werden. Kirchenvorstände und Pfarrgemeinderäte sollten sich immer wieder

„freischaufeln“, um den Blick für das Ganze zu bekommen, denn das ist ihre Aufgabe.
7. Die Stärkung ehrenamtlicher Mitarbeiterinnen und Mitarbeiter ist ein weiterer Weg, um zu einer ausgewogeneren Machtverteilung zu kommen. Um Ihren Blick dafür zu schärfen, geben wir Ihnen jetzt eine Checkliste.

„Checkliste für Leitungsgremien“

1. Kompetenzen/Befugnisse/Rechte

Wurden mit den Ehrenamtlichen die Aufgabenbereiche abgesprochen und klar abgegrenzt, also eine Beschreibung der Tätigkeiten vorgenommen?
Wurde geklärt, was die Ehrenamtlichen in ihren Arbeitsfeldern selbst entscheiden können?
Wurde den Ehrenamtlichen gesagt, wer für die jeweiligen Aufgabenbereiche verantwortlich ist?
Wurde ihnen gesagt, an wen sie sich bei Fragen, Problemen usw. wenden können?
Wurde den Ehrenamtlichen ein Rederecht im Kirchenvorstand/Pfarrgemeinderat eingeräumt?
Wurde mit den Ehrenamtlichen geklärt, welche anfallenden Kosten erstattet werden?
Wurden die Ehrenamtlichen über Art und Umfang des Versicherungsschutzes unterrichtet?
Wurde ihnen gesagt, welche Räumlichkeiten, Finanzmittel, Materialien usw. zur Verfügung stehen?
Wurde mit den Ehrenamtlichen darüber gesprochen, wie sie aus der Arbeit auch wieder aussteigen können?

2. Informationen

Wurden die Ehrenamtlichen über die Verflechtungen der Tätigkeit mit anderen Zweigen der Gemeindearbeit informiert?
Wurden die Ehrenamtlichen über Mitarbeiterkreise, Planungsgruppen usw. unterrichtet?
Wurde mit den Ehrenamtlichen darüber gesprochen, welche Informationen sie benötigen?
Wurden die Ehrenamtlichen in den gemeindeinternen Informationsfluß aufgenommen?

3. Anerkennung/Kontrolle/Fortbildung

Wurde mit den Ehrenamtlichen ein Einstiegsgespräch über ihre Motivation und Erwartungen geführt?

Wurde mit den Ehrenamtlichen eine regelmäßige Auswertung ihrer Arbeit vereinbart?

Wurde mit den Ehrenamtlichen abgesprochen, wie sie offiziell und öffentlich in ihre Arbeit eingeführt werden?

Wurden die Ehrenamtlichen über Möglichkeiten der Fortbildung unterrichtet?

Wurde mit ihnen darüber gesprochen, welche Fortbildung sie für ihre Arbeit benötigen?

Wurde mit ihnen die Finanzierung von Fortbildung geklärt?

Wurde mit den Ehrenamtlichen vereinbart, daß sie für ihre Tätigkeit und für die durch sie erworbenen Qualifikationen eine Bescheinigung, ein Zertifikat erhalten?

8.3 Ein besonderes Problem: Diffuses Leitungssystem oder Wer sind wir eigentlich?

Ein Kirchenvorstand erbat wegen der Einrichtung eines Besuchsdienstes eine Beratung. Schon vor geraumer Zeit hatte sich der Kirchenvorstand damit beschäftigt. Die interne Diskussion blieb damals, so wurde bei dem Gespräch berichtet, allerdings ohne Folgen. Der Gedanke, einen Besuchsdienst einzurichten, wurde wohl begrüßt, aber als es darum ging, wer denn nun die Besuche machen sollte, hüllte man sich in Schweigen. Was war hier geschehen? Es gehört zweifellos zu den Aufgaben eines Kirchenvorstandes, dem Gemeindeleben neue Impulse zu geben. Das ist eine wesentliche Leitungsaufgabe. Es gehört *nicht* zu den Aufgaben eines Kirchenvorstandes, eine entsprechende Idee, hier also den Besuchsdienst, selbst in die Praxis umzusetzen, also selbst die Besuche zu machen. In dem betreffenden Kirchenvorstand kamen, und zwar nicht bewußt, Widerstände dagegen auf, zugleich zu einer Besuchsdienstgruppe zu werden. Als der Berater das dem Kirchenvorstand deutlich machte, fiel den Mitgliedern, man konnte es förmlich hören, ein Stein vom Herzen. Es ging ein richtiger Motivationsschub durch die Gruppe. Mit Energie ging man nun an die Frage: Welche Schritte müssen wir unternehmen, damit ein Besuchsdienst ins Leben gerufen werden kann? Welche Ziele hat ein Besuchsdienst? Wer sollte besucht werden? Wie können dazu Mitarbeiterinnen und Mitarbeiter gewonnen werden?

Worin also bestand die Unklarheit? Der Kirchenvorstand, und mit ihm auch der

Pfarrer, war sich seiner Rolle nicht sicher. Sind wir ein Leitungsgremium oder sind wir eine Mitarbeitergruppe? Diese Rollenverwischung wird oft noch dadurch verstärkt, daß Pfarrerinnen und Pfarrer die Mitglieder eines Kirchenvorstandes oder Pfarrgemeinderates nicht selten als eine besondere Mitarbeiterressource betrachten. Die gewählten ehrenamtlichen Mitglieder von Kirchenvorständen haben nur selten ein bewußtes Leitungsselbstverständnis, deren primäre Aufgabe es ist, Ziele zu formulieren und die Grundlagen dafür bereitzustellen, daß die Ziele von den haupt-, neben- und ehrenamtlichen MitarbeiterInnen dann auch verwirklicht werden können. Die Rolle der Pfarrer ist dabei auch ambivalent. Pfarrer sind einerseits bezahlte Mitarbeiter, zu ihren Aufgaben gehört es natürlich, unmittelbar Gemeindearbeit zu machen. Andererseits sind sie zugleich Teil des Leitungssystems, das zunächst einmal *kein* Mitarbeitersystem ist. Bei den anderen neben- und hauptamtlichen Kräften einer Gemeinde ist die Rollendifferenzierung meist klar. Die Gemeindepädagogin ist genausowenig Mitglied im Kirchenvorstand wie der Kirchenmusiker oder der Hausmeister.

Was ist zu tun, um aus diesem Dilemma zu kommen?

Kirchenvorstände und Pfarrgemeinderäte müssen sich eindeutig als Leitungssystem definieren. Sie sind für die großen Linien der Gemeindearbeit verantwortlich. Die Ausführung liegt bei den ehren-, neben- und hauptamtlichen Kräften (zu diesen gehören auch die Pfarrerinnen und Pfarrer, von denen eine große Rollenflexibilität verlangt wird) in der Gemeinde. Diese haben natürlich umgekehrt auch das Recht, einen Auftrag zurückzuweisen, wenn er nicht durchführbar ist.

Beschließt beispielsweise ein Pfarrgemeinderat oder Kirchenvorstand, einen Raum im Gemeindehaus auf den neuesten Stand in puncto Medienausstattung zu bringen, stellt aber nur einen kleinen, völlig unzureichenden Geldbetrag dafür zur Verfügung, dann können die mit dieser Aufgabe Betrauten dem Auftraggeber klar machen, daß unter diesen Bedingungen eine optimale Ausstattung nicht möglich ist.

Das „A und O“ für Kirchenvorstände und Pfarrgemeinderäte ist also die Konzentration auf die planerischen und Ziele formulierenden Leitungsaufgaben, verbunden mit der Delegation von daraus resultierenden Aufgaben.

9. Wenn's donnert und blitzt ...
Konflikte wahrnehmen und bearbeiten

9.1 Ein Beispiel aus der Praxis ...

Fangen wir unsere Überlegungen zum Thema Konflikt damit an, daß wir Ihnen einen Konflikt aus einer Gemeinde schildern, so richtig aus dem „vollen Leben" gegriffen.

Seit geraumer Zeit sind viele Gemeindemitglieder mit dem Leitungsstil von Pfarrer A. unzufrieden. Den Mitgliedern des Kirchenvorstandes dauern die Sitzungen zu lange, die Kinder und Jugendlichen des Posaunenchors murren, daß sie soviel üben müssen, die Konfirmanden und ihre Eltern schimpfen auf den umfangreichen Lernstoff. Jugendliche einer Jugendgruppe sind darüber verärgert, daß sie keinen Gottesdienst gestalten dürfen. Allerdings traut sich niemand, diese Dinge konkret zu benennen. Viele Ehrenamtliche sind obendrein froh, daß sie nichts alleine entscheiden und selbständig organisieren müssen.

Das schwelt so einige Zeit. Nachdem es aber im Kirchenvorstand wiederholt zu massiven Mißstimmungen gekommen ist, wird Pfarrer A. von zwei Mitgliedern des Kirchenvorstandes auf seinen autoritär wirkenden Umgangsstil mit Gemeindegliedern angesprochen. Sonst sehr redegewandt, reagiert Pfarrer A. diesmal abweisend und unwillig. Er wisse gar nicht, was man von ihm wolle, und als Vorsitzender des Kirchenvorstandes wisse er schon, was er zu sagen und zu entscheiden habe. Das Gespräch bleibt ohne Folgen. Einige Monate nach dieser Episode zieht Familie B. in die Gemeinde, ein Ehepaar mit einem Kind. Herr und Frau B., beide Akademiker, arbeiten beruflich in führenden Positionen. Die Familie zeigt ein starkes Interesse an der Gemeinde und engagiert sich zunehmend. Schnell werden sie in der Gemeinde bekannt, zumal sie sehr selbstbewußt auftreten. Schon bald entwickelt sich zwischen der Familie von Pfarrer A. und den B's. ein freundschaftliches Verhältnis. Besonders Herr B. fällt durch seine Kompetenz in gemeindlichen Fragen auf, Pfarrer A. zieht ihn immer wieder zu Rate. Durch seine engen Kontakte zu vielen Gemeindemitgliedern bleiben Herrn B. natürlich die Spannungen in der Gemeinde und die kritischen Stimmen Pfarrer A. gegenüber nicht lange verborgen. Schließlich wird Herr B. von zwei Mitgliedern des Kirchenvorstandes gebeten, mit Pfarrer A. doch einmal über die Vorwürfe ihm gegenüber zu sprechen. In diesem Gespräch kommt es nun zu einem Eklat zwischen Herrn B. und Pfarrer A. Dieser fühlt sich angegriffen und will B. in seine Schranken weisen. Jener zeigt sich jedoch unbeeindruckt und verlangt von A. eine Stellungnahme zu den Vorwürfen. In der Folgezeit kühlt sich das Verhältnis zwischen den beiden Familien B. und A. ab.

Wieder kommt es dann im Kirchenvorstand zu einer Auseinandersetzung, bei der sich der Kirchenvorstand in zwei Lager spaltet, einige scharen sich um Pfarrer A., andere um Herrn B. (B. ist nicht Mitglied des Kirchenvorstandes). Herr B. geht nun mehr und mehr auf Distanz zu Pfarrer A. und berät die Konfliktpartei, die mit A. nicht einverstanden ist. Pfarrer A. reagiert immer gereizter. Nachdem Pfarrer A. einen Gottesdienst dazu nutzt, die Gegenseite anzusprechen und zu attackieren, wird der Konflikt zunehmend der bislang kaum berührten Gemeinde bekannt. Herr B. fordert ein öffentliches Predigtnachgespräch, was von Pfarrer A. entschieden abgelehnt wird.

Einige Wochen später verschärft sich der Konflikt weiter. Die Gemeinde wird durch eine kirchliche Gruppe, unter ihnen der Dekan, visitiert, also besucht. Herr B. nutzt die Gemeindeversammlung, um Pfarrer A. mit kritischen Fragen zur Zukunft der Gemeinde zu konfrontieren. Pfarrer A. verweigert die Antwort und greift statt dessen Herrn B. persönlich an. Einige Kirchenvorstandsmitglieder verlassen daraufhin die Gemeindeversammlung.

Die Atmosphäre in der Gemeinde ist nun vergiftet, man grüßt sich nicht mehr, geht einander aus dem Weg. Die evangelische und katholische Nachbargemeinde erfahren jetzt auch von dem Konflikt.

Einige Monate später finden die Kirchenvorstandswahlen statt. Die Gemeinde ist gespalten. Die Kandidatenaufstellung wird zu einem Machtgerangel zwischen A. und B. Öffentliche Stellungnahmen wechseln einander ab. Nachdem

die Wahl zugunsten der Pfarrer-Gruppierung ausgegangen ist, stellen die Unterlegenen um B. Nachforschungen an. Sie kommen zu dem Ergebnis, daß die Wahl manipuliert wurde. Herr B. droht mit einer Klage.
Herr B. ist bei seinen Nachforschungen dann noch auf weitere Unregelmäßigkeiten gestoßen. Die Familie des Pfarrers hat ein der Gemeinde gehörendes Altenheim unberechtigt genutzt, die Heimleitung hat Geld unterschlagen bzw. kann die Verwendung nicht nachweisen. Außerdem wurden Gelder der Gemeinde über das rechtlich Mögliche hinaus zur Renovierung des Pfarrhauses verwendet.
Herr B. bietet der Heimleitung an, daß sie die fehlenden Gelder erstattet und von sich aus kündigt. Die Heimleitung akzeptiert dies, um einer Klage zu entgehen.
Die Stellung von Pfarrer A. ist durch die ganzen Vorgänge jetzt auch in seiner Anhängerschaft stark geschwächt, viele sind von ihm enttäuscht und ziehen sich zurück.
Noch immer ist Pfarrer A. nicht gesprächsbereit. Herr B. und andere Mitglieder des Kirchenvorstandes wenden sich nun an den Dekan und den Landesbischof. Zugleich fordert B. den Pfarrer auf, die Gemeinde zu verlassen. Da ihm dies auch von seiten der Landeskirche geraten wird, entschließt er sich endlich zu diesem Schritt und verläßt die Gemeinde (nach Weidemeier, S. 25 ff).

9.2 ... und seine Analyse

In Gemeinden, wie in jeder anderen sozialen Gruppierung auch, gibt es immer wieder Konflikte. Es handelt sich dabei, wie das Beispiel deutlich macht, um „soziale Konflikte“, da mehrere Menschen daran beteiligt sind.
Ein sozialer Konflikt „ist eine Interaktion
zwischen Aktoren (Individuen, Gruppen, Organisationen usw.),
wobei wenigstens ein Aktor
Unvereinbarkeiten
    im Denken/Vorstellen/Wahrnehmen
    und/oder Fühlen
    und/oder Wollen
mit dem anderen Aktor (anderen Aktoren) in der Art erlebt,
daß im Realisieren eine Beeinträchtigung
durch einen anderen Aktor (die anderen Aktoren) erfolge.“ (Glasl, S. 14 f)
Diese Definition macht deutlich, daß etwa die unterschiedliche Wahrnehmung von Ereignissen noch lange kein Konflikt sein muß. Derartige Unterschiede

können vielmehr zu Kreativität und fruchtbarer Auseinandersetzung führen, sie können die Entwicklung neuer Ideen bewirken. Auch unterschiedliche Wertvorstellungen müssen nicht konfliktträchtig sein, solange sie jeweils akzeptiert werden. Solange in einer kirchlichen Gruppe unterschiedliche Frömmigkeitsformen zugelassen und akzeptiert sind, sie vielleicht sogar als bereichernd erlebt werden, liegt kein Konflikt vor. Beansprucht aber eine Seite einen Alleinvertretungsanspruch, dann kann es zum Konflikt kommen.
Wie das Beispiel drastisch zeigt, neigen Konflikte dazu, sich auszuweiten. Friedrich Glasl (a.a.O., S. 216 ff) liefert dazu eine differenzierte Beschreibung von Konflikten, die ein gutes Hilfsinstrument ist, um einen Konflikt beurteilen zu können und die richtigen Handlungsstrategien für dessen Lösung zu wählen. Einige der von ihm beschriebenen Konflikteskalationsstufen können an dem Beispiel gut nachvollzogen werden.

Stufe 1: „Verhärtung“
Es beginnt mit einer Verhärtung der Standpunkte. Ein Problem taucht wiederholt auf, es beginnt chronisch zu werden. Es kann zu Ausrutschern im Umgang miteinander kommen, die Atmosphäre wird verkrampft.
Stufe 2: „Debatte“
Ändert sich nichts, kommt es zur Debatte. Man fängt an, über das Problem miteinander zu sprechen, es kommt zu einer Polarisation. „Wir gegen die anderen/den anderen.“ Die Worte werden aggressiver und härter. Es bilden sich Untergruppen, die sich verständigen und sich in ihrer Ansicht gegenseitig bestärken.
Stufe 3: „Taten statt Worte“
Die am Konflikt Beteiligten gewinnen mit der Zeit den Eindruck, daß Gespräche nichts mehr nutzen: „Reden hilft nicht mehr.“ Sie gehen deshalb zu Taten über: Taten statt Worte! Die Konkurrenz zwischen den Parteien wächst an, man hat das Gefühl, von der Gegenseite blockiert zu werden. Das wiederum hat zur Folge, daß der jeweilige Gruppenzusammenhalt immer stärker wird. Zugleich schwindet die Fähigkeit, sich in die Gegenseite zu versetzen, sich in sie einzufühlen. Indem man versucht, Fakten zu schaffen, soll die Gegenseite überzeugt werden. Auch kleine Sanktionsschritte werden überlegt.
Stufe 4: „Sorge um sein Image“
Der Konflikt entwickelt eine zunehmende Dynamik. Es geht um Sieg oder Niederlage, um Gewinn oder Verlust. Und es geht um die Bewahrung des Selbstbildes, der Selbstachtung. Man macht sich Sorge um sein Image und sucht Koalitionen. Die Aggressivität steigt, feindliche Handlungen werden sichtbar und verfestigen sich. Man denkt nun in den Kategorien von „gut“ und „böse“,

„schwarz“ und „weiß“. Es können sich pauschale Urteile bilden, die die Gegenseite abwerten. Bündnispartner und oft auch die Öffentlichkeit werden gesucht, um dem anderen Unannehmlichkeiten zu bereiten. Es handelt sich um legale, aber dennoch feindselige Akte.

Stufe 5: „Gesichtsverlust“

Die nächste Stufe ist dann folgerichtig der öffentliche und direkte Angriff. Gesichtsverlust der Gegenseite ist das Ziel. Es geht um Verteufelung, um nachhaltige Schädigung. Der Gegner soll entlarvt werden. Auf dieser Stufe werden Kompromisse nahezu unmöglich, da der Konflikt ideologisiert wird: Es geht jetzt um Prinzipien, um grundlegende Werte. Entsprechend hart wird die Auseinandersetzung geführt, da nun auch die eigene Identität auf dem Spiel steht.

Stufe 6: „Drohstrategien“

Nachdem sich auf der vorhergehenden Stufe die Einstellungen radikalisiert haben, nehmen auf dieser Stufe Gewaltdenken und Gewalthandeln zu. Das zeigt sich in mehr oder weniger deutlichen Drohstrategien. Vage und unbestimmte Drohgebärden bis hin zu scharfen Ultimaten, die einen starken Handlungszwang bewirken, sind an der Tagesordnung. Die Drohungen rufen Gegendrohungen hervor. Der Konflikt wird gewalttätig. Die Parteien entfernen sich immer weiter voneinander, Mißtrauen und Furcht bestimmen ihre Verhaltensweisen. Der klare Kopf ist ausgeschaltet, man fühlt sich unter Zugzwang. Da man keine Schwäche zeigen will, schwindet die Bereitschaft zu Konzessionen. Oft legt man sich auch selbst fest: „Wenn du nicht ..., dann werden wir ...“. Die Entscheidungs- und Handlungsspielräume werden dadurch stark eingeschränkt. Hat ein Konflikt diese Stufe erreicht, beschleunigt er sich meist sehr stark.

Stufe 7: „Begrenzte Vernichtungsschläge“

Es kommt zu begrenzten Vernichtungsschlägen. Man traut nun dem anderen alles zu, deshalb muß die Existenzgrundlage der Gegenseite geschwächt werden, um sich so vor dem anderen zu schützen. Eine Koexistenz ist praktisch undenkbar geworden. Es geht nun darum, den Gegner zu entmachten. Die gezielten Aktionen führen zu einem Gefühl der Befriedigung, selbst wenn sie nicht viel bringen. Selbst persönliche Nachteile werden hingenommen, Hauptsache ist, daß die andere Seite leidet.

Stufe 8: „Zersplitterung des Gegners“

In einer weiteren Verschärfung haben die Parteien nicht mehr nur begrenzte Angriffe im Blick, man will die Existenzgrundlage des Gegners vernichten. Man versucht, sein Zentrum zu treffen, seine vitalen Ressourcen zu zerstören, er soll so entwaffnet werden. Zersplitterung des Gegners ist das Handlungsziel.

Es herrschen destruktives Handeln und Denken vor, der Gegner soll „ausradiert“ werden. Aber es gibt noch einen Rest von Selbsterhaltungswillen. Der verschwindet dann auf der letzten Stufe.

Stufe 9: „Vernichtung oder gemeinsam in den Abgrund“

Da es schwierig ist, den Konflikt auf der vorhergehenden Stufe zu halten, lautet nun die Parole: „Vorwärts um jeden Preis!“, man will die Vernichtung des Gegners. Diese Handlungsstrategie wird selbst dann beibehalten, wenn man gemeinsam mit dem Gegner in den Abgrund stürzt. Es wird der totale Vernichtungskrieg geführt. Alle verfügbare Gewalt wird eingesetzt. Wenn man selbst schon untergeht, dann soll der andere wenigstens mitgerissen werden. Das ist dann der Triumph. Letztlich handelt es sich hier um einen gegenseitigen Selbstmord.

Die hier beschriebene, stufenweise Eskalation von Konflikten ist natürlich eine Typologie. Es gibt immer wieder Mischformen, Zeitgleichheit von zwei oder drei verschiedenen Eskalationsstufen, ein Konflikt kann sich weiterentwikkeln, dann aber auch, aus welchen Gründen auch immer, wieder um eine Stufe heruntergehen, sich somit entschärfen.

Wie Elke Weidemeier in ihrer Diplomarbeit nachweist (a.a.O., S. 33 ff), ist das Glasl'sche Modell ein hervorragendes Diagnoseinstrument. Mit ihm kann man einen Konflikt nicht nur wahrnehmen, sondern auch „einsortieren“. Schauen wir uns das eingangs geschilderte Beispiel an.

Der Konflikt in der Gemeinde bekommt sehr schnell eine starke Dynamik, nachdem im Kirchenvorstand die Verhaltensweisen von Pfarrer A. kritisiert werden. Die Reaktion des Pfarrers zeigt sehr deutlich eine Verhärtung, es wird zugleich allgemein über den Pfarrer diskutiert. Die Stufen 1 und 2 gehen ineinander über. Diese Konfliktphasen sind auch noch nach Auftreten des Herrn B. zu beobachten. Nachdem der Pfarrer in einem Gottesdienst die Gegenseite angreift und Herr B. nun im Gegenzug ein öffentliches Predigtnachgespräch fordert, steigert sich der Konflikt, da beide Seiten jetzt zur Aktion übergehen (Stufe 3: „Taten statt Worte“). Die beiden Wortführer demonstrieren Unnachgiebigkeit und Entschlossenheit.

Wie die Gemeindeversammlung dann zeigt, ist der Konflikt so weit gediehen, daß die Verhaltensweisen der Gegenseite grundsätzlich als Angriff und Aggression empfunden und gedeutet werden. Durch die eigentlich legitime Frage von B. fühlt sich der Pfarrer provoziert; hätte ein Mitglied der Visitationsgruppe die Frage nach der Zukunft der Gemeinde gestellt, wäre es wahrscheinlich nicht zum Eklat gekommen. Nachdem Pfarrer A. seinerseits B. angreift, verläßt ein Teil der Anwesenden den Saal, deutlicher kann Ablehnung und auch Geschlos-

senheit kaum gezeigt werden. Man will sich das nicht mehr bieten lassen, es steht jetzt die Selbstachtung auf dem Spiel (Stufe 4).
Die Stufen 5 und 6 lassen sich nicht klar voneinander trennen, sie gehen fließend ineinander über. Die Überprüfung des Wahlergebnisses hat die Intention eines Angriffs. Daß nun tatsächlich auch eine Wahlfälschung vorliegt, führt dazu, daß der Pfarrer einen massiven „Gesichtsverlust“ erleidet, er ist „entlarvt“. Herr B. geht noch einen Schritt weiter, indem er mit einer Klage droht (Stufe 6). Die Auseinandersetzung hat sich dramatisch radikalisiert. Nach der Aufdeckung der anderen Unregelmäßigkeiten eskaliert der Konflikt weiter. Die dem Pfarrer zugeneigte Gruppierung zerfällt zusehends (Stufe 8), Pfarrer A. hat einen nicht wieder gutzumachenden Vertrauensverlust erlitten. Trotzdem ist auf seiten des Pfarrers kein Einlenken festzustellen, er kämpft weiter. Der Forderung von Herr B., die Gemeinde zu verlassen, kommt A. nicht nach. Erst nachdem der Konflikt den übergeordneten kirchlichen Behörden vorgetragen und Pfarrer A. von diesen ein Weggang empfohlen wird, kommt es zu diesem Schritt. Damit, das heißt mit der „Vernichtung“ des Pfarrers, hat der Konflikt sein Ende erreicht.

9.3 Konflikte als Chance sehen lernen

Da unsere Kultur, und besonders die kirchliche, von Konfliktvermeidung geprägt ist, werden Konflikte meist als unangenehm oder gar als unerträglich empfunden (vgl. dazu Klessmann, S. 13 ff). Zugleich, und das macht sie so zwiespältig, werden Konflikte, werden Ärger und Aggression etwa von vielen Medien als absatzfördernde Instrumente genutzt. Die alltäglichen Konflikte und Aggressionen im Straßenverkehr, zwischen Staaten und Bevölkerungsgruppen werden nahezu widerspruchslos hingenommen oder gar mit einem lustvollen Schauer verfolgt. Die offizielle Norm allerdings heißt: Konflikte sind zu vermeiden, Anpassung, Freundlichkeit und gefühlsmäßige Ausgeglichenheit sind dagegen zu fördern. Weder die eine noch die andere Bewertung von Konflikten ist fruchtbar. Konflikte sind unvermeidbar, sie sind eine alltägliche Erscheinung. Sie können auch mit der Norm, Konflikte tunlichst zu vermeiden, nicht aus der Welt geschaffen werden.
Es wird dann viel Energie darauf verwendet, einen Konflikt zu übersehen, ihn gar nicht erst wahrzunehmen. Wie Lotmar/Tondeur (Lotmar, S. 168) schreiben, sind uns deshalb die Techniken der Konfliktvermeidung weit geläufiger als die der Konfliktbearbeitung (aber genau darum geht es!).
Sie geben einige schöne Illustrationen, wie wir Konflikte vermeiden:
Wir ignorieren Konfliktanzeichen („Hast du heute einen schlechten Tag

erwischt?“, „Ist dir eine Laus über die Leber gelaufen?“), wir tabuisieren negative Gefühlsäußerungen („Bei uns wird prinzipiell nicht geflucht“), mit einer Gemeinschaftsideologie unterdrücken wir divergierende Interessen („Wir sitzen alle in einem Boot“, „Wir wollen ja schließlich alle das Gleiche“), wir demonstrieren Harmonie („Nein, Spannungen gibt es bei uns nicht“) und qualifizieren Querdenker und Rebellen ab („Er ist eben ein Querulant, ein Störenfried, ein Besserwisser“). (Mehr dazu Gäde/Listing, S. 101 ff.)

Eine Gemeindeleitung sollte nun versuchen, sich von den bedrohlichen Konfliktvorstellungen freizumachen und statt dessen die konstruktiven Seiten eines Konfliktes zu sehen. Die folgenden Fragen machen deutlich, daß in einem Konflikt eine durchaus positive Energie stecken kann:

Ein Konflikt ist zunächst ein Hinweis auf ein Problem, und Probleme erkennen ist ja eine Leitungsaufgabe:

Was also steckt hinter dem Konflikt?

Ein Konflikt kann dazu führen, Neues zu entdecken, kann zu Veränderungen führen, in einem Konflikt kann eine innovatorische Kraft stecken:

Was muß verändert werden, welche Perspektiven lassen sich entwickeln?

Ein Konflikt führt zu einer Differenzierung, indem vorhandene Unterschiede zwischen Menschen, Gruppen und Organisationen bewußt werden. Es können so Kompetenzen deutlich werden, über die die Konfliktparteien verfügen:

Welche Stärken und Fähigkeiten werden im Konflikt mitgeteilt?

Konflikte können zur Klärung von Positionen, von Meinungen, von Ziel- und Wertvorstellungen führen. Sie tragen dazu bei, daß das Nachdenken über die Ziele einer Organisation nicht stagniert, sie helfen zu klären, was den Zielen einer Gruppe oder Organisation dient und was nicht:

Was trägt ein Konflikt für die Weiterentwicklung der Organisation, der Arbeit bei?

Wenn ein Konflikt von einem Leitungsteam so betrachtet wird, zeigt sich, daß er eine wahre Fundgrube für Erkenntnisse über Mitarbeiterinnen und Mitarbeiter und den Zustand einer Organisation sein kann.

Also: Aus und mit Konflikten lernen!

Das gelingt aber nur, indem Sie die Konfliktparteien in diesen Lernprozeß miteinbeziehen, mit ihnen verschiedene Lösungsmöglichkeiten erarbeiten, die Gefühlsanteile der Kontrahenten wahrnehmen und die von Ihnen vermuteten Bedürfnisse den anderen mitteilen, dazu beitragen, daß alle versuchen, die jeweils andere Seite zu verstehen, darauf bestehen, daß alle miteinander im Gespräch bleiben, jedem Raum geben, seine Wünsche, Interessen und Bedürfnisse und seine Gefühle zu artikulieren, gezielt dazu auffordern, daß die

Konfliktparteien ihre Wünsche, die sie an die anderen haben, offen benennen, da sich so erste Lösungswege abzeichnen können.

Wir kommen auf das Neun-Stufen-Modell von Glasl zurück. Die ersten drei Stufen sind dadurch gekennzeichnet, daß noch gesprochen wird, wenn auch viel zu wenig miteinander. Beide Seiten sind aber in der Regel für ein Gespräch offen und sehen Lösungsmöglichkeiten. Diese Chance ist auf jeden Fall zu nutzen. Später wird es dann schon schwieriger. Auf den späteren Stufen sind entweder strukturelle Veränderungen einer Organisation oder auch, wenn der Konflikt massiv eskaliert ist, administrative Eingriffe notwendig, um einen Konflikt zu beenden.

Befindet sich ein Konflikt noch im Anfangsstadium, dann kann auf eine ganz alte und bewährte Konfliktlösungsstrategie zurückgegriffen werden, die spezifisch kirchlich ist: das Konzil.

Herbert Lindner verweist darauf: „Die Geschichte der Konzilien beginnt mit einem Streit um den richtigen Weg der Mission (Apg 15). Die urchristlichen Konzilien halfen der frühen Kirche zur Klärung ihrer Lehre.“ Er fährt weiter fort, daß die „Kennzeichen des Konzils (...) gerade heute eine neue Faszination aus(üben):

Menschen aus verschiedenen Lagern, Regionen und Positionen kommen mit ihrer unterschiedlichen Geschichte in repräsentativer Auswahl angesichts einer wichtigen Frage zusammen, deren kontroverse Beantwortung die Gemeinschaft zu spalten droht.

Sie fragen nach dem Willen Gottes, getragen von einem spirituellen Leben in Gottesdienst und in der Bitte um den Geist.

Sie führen einen argumentativen, öffentlichen Streit um die Wahrheit mit dem Ziel des Konsenses.

Ihre Ergebnisse sind vorläufig, denn in der Rezeption ‚zu Hause‘ beginnt ein neuer Weg.

Diese Faszination kann auch über die Schwächen des Begriffs hinweghelfen. Die Verwendung des Begriffs ist zwischen den Konfessionen kontrovers. Es ist ein Wort der Theologensprache.“ (Lindner, S. 84)

Es könnte eine reizvolle Aufgabe für ein Leitungsteam sein, dieses konziliare Konfliktlösungsmodell auf die gemeindliche Situation zu übertragen.

Wenn etwa über die Zukunft der Gemeinde, über ein Leitbild von Gemeinde kontrovers diskutiert wird, dann könnte ein Pfarrgemeinderat bzw. Kirchenvorstand die Vertreter der verschiedenen Gruppen zu einem „Gemeinde-Konzil“ zusammenrufen, um mit ihnen, begleitet von ansprechenden Formen geistlichen Lebens, in einem gemeindeöffentlichen Streit die verschiedenen

Positionen und Grundüberzeugungen herauszuarbeiten und nach gemeinsamen Zielen und Wegen zu fragen, wobei auf die oben genannten und gleich noch folgenden Empfehlungen für die Bearbeitung von Konflikten geachtet werden sollte. Der Prozeß geht dann weiter, wenn die Ergebnisse des „Gemeinde-Konzils" in die verschiedenen Gruppen getragen und dort weiter reflektiert und diskutiert werden.

Acht Empfehlungen für *Ihr* Verhalten in Konfliktsituationen:
„1. Lassen Sie den anderen ausreden, auch wenn er Kritik an Ihnen übt, hören Sie zu!
2. Wenn sich Ihr Konfliktpartner hinter ‚man'- und ‚wir'-Formulierungen verbirgt, fragen Sie ihn nach seinen Gefühlen.
3. Überprüfen Sie, was der andere, nachdem er ausgesprochen hat, in Ihnen auslöst. Welche Gefühle steigen in Ihnen hoch? Sie können das dem anderen in der Ich-Form mitteilen.
4. Es können Pausen entstehen. Halten Sie die Pausen aus, ohne gleich zum argumentativen Gegenschlag auszuholen.
5. Es gibt Konflikte, die nicht sofort gelöst werden können. Lassen Sie Konflikte auch einmal stehen. Eine Nacht darüber schlafen kann heilsam sein.
6. Wenn Sie feststellen, daß Sie im Unrecht sind, gestehen Sie das ein und kommen Sie dem anderen entgegen.
7. Wenn beide Konfliktkontrahenten auf ihren Positionen beharren, kann der Konflikt vielleicht durch einen Kompromiß gelöst werden.
8. Dehnen Sie einen Konflikt nicht ins Uferlose aus, bleiben Sie bewußt und konzentriert am Konfliktthema." (Aus: Gäde/Listing, S. 125)

Zum Schluß des Kapitels noch eine Anregung:
Sie alle kennen den Satz, daß man sich nicht an den eigenen Haaren aus dem Sumpf ziehen kann. Wenn Sie den Eindruck haben, daß Ihnen ein Konflikt „über den Kopf" wächst, dann holen Sie sich von außen eine Beratung. Die Kirchen haben speziell dafür geschulte und ausgebildete Beraterinnen und Berater. Das kann oft dann notwendig und hilfreich sein, wenn Sie selbst als Vorsitzender oder Vorsitzende eines Kirchenvorstandes bzw. Pfarrgemeinderates oder als ganzes Gremium in einen Konflikt miteinbezogen sind, also selbst Konfliktpartei sind (siehe dazu Kap. 12).

10. Welche Kirche will ich?

10.1 Der notwendige Austausch über Leitbilder

Eine wahre Geschichte: In Gemeinde B. geht es hoch her. Ein atemberaubender Konflikt ist im Gange. Dabei hatte es gar keine Anzeichen gegeben, die darauf hingewiesen hätten, daß die Zusammenarbeit in der Gemeinde so marode ist. Auslöser, das ist deutlich zu sehen, war die Entscheidung des Pfarrers, zehn Prozent seiner Arbeitszeit dem Engagement in einer Arbeitsloseninitiative, die auch von gesellschaftlichen Institutionen gestützt wird, zu widmen. Um die Überzeit an anderer Stelle einzusparen, wurde eine Wochenendeucharistiefeier gestrichen und gleichzeitig das Präsesamt im Männerverein abgelegt. Bei seiner Entscheidung verwies der Pfarrer auf den Einkehrtag des Pfarrgemeinderates, bei dem deutlich geworden sei, daß man den diakonischen Auftrag der Kirche ernster nehmen müsse.
Mit massiven Einwänden meldeten sich daraufhin Mitglieder des Pfarrgemeinderates. Man habe doch als Pfarrer auch eine Verantwortung für die Alten, bzw. die Gottesdienstbesucher überhaupt... Man könne doch nicht die Liturgie gegen die Diakonie ausspielen... Und außerdem sei die Entscheidung des Pfarrers ein unverantwortlicher Alleingang gewesen... Man fühle sich verschaukelt und als Leitungsgremium der Gemeinde nicht ernstgenommen...

„Wie hältst du es mit der Religion?" heißt im Faust die Gretchenfrage. Auf die oben geschilderte Episode übertragen lautet sie so: „Welcher Kirche fühlen wir uns verpflichtet? Welche kirchliche Sozialform wünschen wir uns? Was sind die Prioritäten unserer Pastoral/Gemeindearbeit?" Über diese heiklen und heißen Fragen wird in den Kirchengemeinden nur selten offen gesprochen. Und doch gibt es sie, die unterschwelligen und dennoch wirksamen Leitbilder. Da sie ein Schattendasein fristen, liegen der Konfliktstoff und das Wirkungspotential, das in ihnen steckt, im Dunkeln. Das ist bedauerlich. Viel Lebensenergie geht dabei verloren. Nur manchmal kommt etwas davon ans Licht, meist wenn es bereits zu spät, daß heißt, wenn der Konflikt schon ausgebrochen ist.
Über Leitbilder sollte gesprochen werden. Und nicht nur gesprochen, sondern auch gerungen und gekämpft. Es geht ja nicht an, daß Mächtige, seien es Ehrenamtliche oder Bezahlte, Geweihte oder Ungeweihte, jeweils auf Kosten der Mehrheit ihr Kirchenbild nach Gutdünken in der Gemeinde verwirklichen. Und: Es geht auch nicht an, daß Gemeinden sich nie die Frage danach stellen, was sie eigentlich wollen, was sie verkünden und feiern, an welchen Taten sie erkennbar und welche Optionen sie an diesem Ort, mit diesen bestimmten Leuten, in dieser Gesellschaft setzen wollen.

10.2 „Kirchliche Typenlehre"
Ein Blick durch die soziologische Brille

In der katholischen Kirche hat es nach dem II. Vatikanischen Konzil eine langanhaltende und immer noch nicht beendete Diskussion über die Pfarrei und die Gemeinde gegeben. Dabei versteht man unter *Pfarrei* eine kirchenrechtliche Größe, einen Verwaltungsbezirk, für dessen Existenz zunächst einmal die Intensität des kirchlichen Engagements der zu ihm gehörenden Christen unerheblich ist. Ihr gegenüber steht die *Gemeinde* als eine Gruppe von Gläubigen, die versuchen, ihr Leben an der biblischen Botschaft auszurichten (im evangelischen Bereich wird der Begriff ‚Gemeinde' in diesem doppelten Sinn verwendet). Dabei versteht sich die Gemeinde nicht als ein Ghetto, sondern als integrierter Bestandteil der Gesamtkirche und der Gesellschaft. Kirche muß Gemeinde werden, so lautete die Devise aus den Reihen der Pastoraltheologen. Es wurde die Frage gestellt, wie weit die existierende Pfarrei mit ihrer autoritären, hierarchischen Struktur und dem pastoralen Prinzip der flächendeckenden Betreuung ihrer Mitglieder die Gemeindebildung verhindere. Auf der anderen Seite zeigte die Realität, daß es in Pfarreien, ausgehend von den Aussagen des II. Vatikanischen Konzils, zur Gemeindebildung kam, wodurch sich dann wiederum die Pfarreien veränderten. Was sich nun konkret hinter der Bezeichnung „Pfarrei“ bzw. „Gemeinde“ verbirgt, mag folgende fragmentarische Charakterisierung verdeutlichen:

Pfarrei
hierarchisch organisiert von oben,
Mitglieder sind Objekte der Pastoral, Betreute,
Subjekte sind allein die Amtsträger,
Kirchenmitgliedschaft richtet sich nach den territorialen Grenzen der Pfarrei und dem Kirchensteuerbeitrag,
Leitung ist Sache eines einzelnen,
Leitung ist ein Amt,
Inhalte und Ziele werden von oben bestimmt.

Gemeinde
funktional gegliedert,
alle sind Subjekte der Pastoral (Priestertum aller Gläubigen),
versteht sich mehr als Bewegung denn als Institution,
Personen bilden die Gemeinde an einem bestimmten Ort,
Leitung ist Sache von verschiedenen Gruppen, die miteinander kooperieren,
Leitung wird als Dienstleistung im Sinne des Gesamtsystems verstanden,
Inhalte und Ziele werden gemeinsam erarbeitet und miteinander beschlossen.

Parallel zu dieser Charakterisierung, lassen sich drei „Stufen“ der Gemeindeentwicklung unterscheiden.

A. Die Gemeinde als „kirchliche Verwaltungseinheit“
Unter diesem Begriff wird die volkskirchliche Pfarrei charakterisiert mit ihrer pyramidalen Struktur. Die Pfarrei vor Ort ist die unterste Ebene der kirchlichen Gesamtstruktur (Weltkirche, Kirche in einem bestimmten Land, Landeskirche oder Bistum, Regionalkirche, Dekanat ...). Die Basis dieser Pyramide bildet die Summe der am Ort lebenden Christen. Diese werden in erster Linie unter dem Aspekt ihrer Bedürftigkeit gesehen. Die Pfarrei ist dazu da, ihnen durch die Teilnahme an den Sakramenten die Begegnung mit Gott zu ermöglichen.
Diejenigen Christen, die außerhalb der Pfarrei ihr Christsein leben, werden von diesem Gemeindetyp als nichtpraktizierende Christen wahrgenommen.
Von diesem Gemeindetypus, von dem man hoffen darf, daß er in „reinrassiger“ Form nur noch selten anzutreffen ist, unterscheidet sich

B. Die Gemeinde als „religiöse Organisation"
Darunter lassen sich all die Gemeinden zusammenfassen, die neben ihrem missionarischen auch ihren sozialen Auftrag als „Kirche in der Welt von heute" ernst nehmen. Die eher passive Mentalität des Gemeindetyps A weicht hier einer Fülle von Aktivitäten. Menschen, die in einer Vielzahl von Arbeitskreisen und Projektgruppen organisiert sind, versuchen einer differenzierter gewordenen Umwelt mit einem differenzierter gewordenen Angebot gerecht zu werden. In solchen Gemeinden entwickelt sich neben dem sakramentalen Leben eine große Zahl sozialer Aktivitäten, mit denen auf die Bedürfnisse und Probleme der Menschen vor Ort eingegangen wird. Um all die anstehenden Aufgaben zu erledigen, benötigen diese Gemeinden einen großen Stab von freiwilligen Mitarbeiterinnen und Mitarbeitern. Die Aktivierung bislang passiver Mitglieder ist somit ein Ziel, das Priorität besitzt. Verantwortlich im Sinne der Leitung ist nicht mehr ein Priester allein, sondern ein Team von Hauptamtlichen, um die sich ein großer Kreis Freiwilliger schart.
Von diesem Typ, den es wohl am häufigsten gibt, hebt sich der letzte ab.

C. Die Gemeinde als Gemeinwesen
Dieser Typ ist wohl am ehesten in den Gemeinden verwirklicht, die auf dem südamerikanischen Kontinent und in Schwarzafrika „Basisgemeinden" oder „kleine christliche Gemeinschaften" genannt werden. Eine solche Gemeinde entsteht aus der Initiative und Selbstorganisation ihrer Mitglieder vor Ort. Ihnen geht es zum einen darum, ein intensiveres Miteinander im Geiste Jesu Christi zu leben. Zum anderen erfahren sie die gesellschaftlichen und politischen Umstände als Anruf zu prophetischem Handeln. „Die Gegenwart im Licht des Evangeliums deuten und als Gabe und Aufgabe begreifen", dies ist die Mitte ihres Gemeindelebens. Subjekte der Pastoral sind die Menschen selbst. Ihnen geht es nicht um ein möglichst lückenloses, an den Bedürfnissen der Menschen orientiertes Angebot, sondern um ein gemeinsames Leben und Handeln im Sinne des Evangeliums.

Verfolgt man die Entwicklung der Gemeindetypen von A nach C, so nimmt der Grad der Organisiertheit ab. Aus Institutionen werden Organisationen, dann Bewegungen. Aus Ämtern werden Funktionen, dann Charismen.
Eine neue Untersuchung in der Schweiz über das religiöse Verhalten der Menschen und ihre Bindung an die Kirche (Schweiz) macht deutlich, daß sich die beiden Großkirchen in einem „organisationsstrategischen Dilemma" befinden: „Es besteht darin, gleichzeitig zwei Ziele verwirklichen zu wollen: durch effiziente Organisation die eigene Position in einer komplex und differenziert

gewordenen Welt zu behaupten, sich für den eigenen Bestand die notwendigen Ressourcen über die Mitgliedschaft zu sichern und andererseits die Menschen zu einer kollektiven Einheit aufgrund gemeinsam geteilter Überzeugungen zusammenzuführen". Im Hintergrund dieser Aussage steht die Beobachtung, daß ein großer Teil der Kirchenmitglieder aufgrund kalkulierter „Kosten-Nutzen"-Erwägungen in der Kirche bleibt. Sie erwarten für ihre Zahlungen ein reibungsloses Dienstleistungsangebot. Die Beziehung beruht auf Leistung und Gegenleistung. Diese Gruppe macht zum Beispiel in der Schweiz ein Drittel aus. Von ihnen heben sich die ab, die die Kirche als Lebensgemeinschaft erfahren und sich normativ-sozial an die Kirche gebunden wissen. Sie erwarten von der Kirche, daß sie nicht in der Form der anonymen Großorganisation aufgeht.

Es ist also nicht gleichgültig, welcher Organisationsform sich die Gemeinden bedienen. Wo es mehr darum geht, auf Einstellungen und Verhalten der Mitglieder einzuwirken, bedarf es dialogischer Sozialbeziehungen. Wo es darum geht, sich gegenüber Wirtschaft, Politik und Wissenschaft als gesellschaftliche Kraft zu behaupten, benötigt eine Gemeinde ein „Mehr" an Organisation und Organisationsmacht. Ein Leitbild müßte diesem Dilemma Rechnung tragen. Aus ihm geht hervor, welchen grundsätzlichen Entscheidungen sich eine Gemeinde verpflichtet fühlt.

10.3 Vom Umgang mit den Grundfunktionen der Gemeinde

Ein Blick in die Praxis gemeindlicher Wirklichkeit zeigt: Im großen und ganzen lassen sich vier Bereiche der Pastoral, der Gemeindearbeit unterscheiden. Die Liturgie, d.h. das gottesdienstliche Leben, die Verkündigung in Katechese und schulischem Religionsunterricht, das Gemeinschaftsleben in Gruppen und zu Festanlässen und die Diakonie als Einzelfallhilfe und Gemeinwesenarbeit.

In der Gemeinde F. arbeiten hauptamtlich in der Seelsorge ein Pfarrer, eine Pastoralreferentin und zwei Katechetinnen, also Religionslehrerinnen, zu je 40 Stellenprozent. Der Pfarrer ist zuständig für die Liturgie, turnusgemäß wird er im Predigtdienst von der Pastoralreferentin unterstützt. Diese feiert auch in der Woche zwei Wortgottesdienste. Für Familienmessen gibt es einen Vorbereitungskreis, die Kleinkindergottesdienste gestaltet eine der Katechetinnen mit interessierten Müttern. Im Bereich Verkündigung sind alle Hauptamtlichen im Sektor des schulischen Religionsunterrichts tätig. Die Erwachsenenbildung wird vom Bildungsausschuß des Pfarrgemeinderats geplant und durchgeführt.

Die Erstkommunionvorbereitung liegt in der Hand des Pfarrers, einer Katechetin und einem Kreis von Müttern. Die Firmung wird von der Pastoralreferentin und einer Gruppe junger Erwachsener als Halbjahres-Projekt gestaltet. In der Gemeinde existieren eine Reihe von Verbänden und Gruppen: PfadfinderInnen, MinistrantInnen, Frauenbund, Altenclub, Männerverein usw.
Im Bereich der Diakonie arbeiten Frauen im Besuchsdienst. Sie sind in einer Gruppe vernetzt und arbeiten ökumenisch. Daneben gibt es die Kinder-Hausaufgabenhilfe, den Kreis „Gerechtigkeit, Frieden, Bewahrung der Schöpfung" und die Arbeitsloseninitiative, die mit dem städtischen Sozialarbeiter kooperiert.
So wie in F. sieht es in vielen anderen Gemeinden aus. So wie in F. stellt sich auch in vielen anderen Gemeinden die Frage: „Was hält uns eigentlich zusammen? Welche Bilder, Träume, Visionen sind in unserer Arbeit richtungweisend über alle Spezifizierung hinaus? Welcher Zukunft fühlen wir uns verpflichtet? Was leitet uns in unserer Arbeit?"
Nicht wenige Gemeinden „wursteln" jahraus und jahrein vor sich hin, ohne sich jemals danach gefragt zu haben, wovon sie sich leiten lassen. Ist das ein Verlust? Die Realität zeigt, es geht ja auch so! Aber wie? Da zittert die Gruppe „Gerechtigkeit, Frieden, Bewahrung der Schöpfung" vor dem Kommentar und den zu erwartenden Auflagen des Verwaltungsrates, weil sie am diesjährigen Aktionstag ein Minus gemacht hat. Denn: Nirgends ist geklärt und eindeutig festgehalten, daß diese Initiative gewollt ist, weil sich die Gemeinde dem Anliegen von „Gerechtigkeit, Frieden und Bewahrung der Schöpfung" verpflichtet fühlt und es sich auch dementsprechend etwas kosten läßt.
Oder: Die Firmvorbereitung steht auf dem Prüfstand. Die Firmung ist vorbei, und schon am darauffolgenden Sonntag wird keiner der TeilnehmerInnen mehr im Gottesdienst gesehen. Im Pfarrgemeinderat werden Stimmen laut, die etwas anderes von einer gelungenen Vorbereitung erwarten. Der Konflikt ist vorprogrammiert. In der nächsten Sitzung kommt es auch tatsächlich zu einer Grundsatzdiskussion zwischen Pfarrgemeinderat und Vorbereitungsgruppe. Es wird darüber gestritten, welche Werte, Ziele und Grundhaltung zu vermitteln seien. Die Vorbereitungsgruppe ist erbost, erst macht sie die ganze Arbeit, und dann wird sie im nachhinein auch noch dafür kritisiert...
Dies könnte anders sein, wenn die Gemeinde sich im voraus einmal grundsätzlich darüber verständigt hätte, welche Ziele sie im Bereich der Verkündigung verfolgt und welche Kriterien bei der Beurteilung eines Projekts eine Rolle spielen.
Das Ringen um ein Leitbild, um das, was in der Pastoral ganz oben stehen soll, bzw. das, was allen vier Bereichen der Pastoral ganz zuinnerst sein soll, ist

keineswegs ein unwichtiger Luxus. Da es vorrangige Ziele formuliert – auch Optionen genannt –, ist es ein wichtiger Schritt auf dem Weg zu einer profilierten Pastoral. Ein Leitbild enthält ein erstes Raster, das den Rahmen für alle pastoralen Handlungen und Bemühungen setzt. Damit soll der innere Zusammenhang zwischen den oben genannten vier Grundfunktionen der Gemeinde gewährleistet werden. Ist die Ausgestaltung der Pastoral einer Gemeinde auch noch so differenziert und spezialisiert, so läuft sie doch im Schnittpunkt des Leitbildes zusammen.
Ein Leitbild entspricht der „Unternehmensphilosophie" einer Firma. Es formuliert grundlegende Gedanken und langfristige Ziele. Es macht deutlich, welchem Geist das „Unternehmen" verpflichtet ist. In diesem Sinne dient es der Einheit und der Erkennbarkeit.
Entgegen dem Trend der Kurzfristigkeit und Beliebigkeit setzt ein Leitbild darüber hinaus Maßstäbe, an denen die Arbeit gemessen werden kann. Es kann also als ein „Führungsinstrument" fungieren. Entspricht die Entwicklung eines Projektes unseren grundsätzlichen Zielen? Wie ist die Verwirklichung einer Maßnahme gelungen? Konnten unsere grundsätzlichen Gedanken darin zum Ausdruck kommen? Das sind Fragen, die ein Leitbild aufwirft und die helfen, einen „roten Faden" durch den Dschungel des Gemeindealltags zu ziehen. Ein „roter Faden" hilft bekanntlich dazu, zur Mitte zu gelangen.

10.4 Wie komme ich zu einem Leitbild?

Ein Leitbild zu entwickeln geht nicht im Handumdrehen. Ein Leitbild entsteht aus einem Prozeß. Wer an diesem Prozeß mitbeteiligt ist, hat viel Einfluß. Wer ausgeschlossen ist, wird auch im Leitbild einen „blinden Fleck" hinterlassen. Die Art, wie ein Leitbild entsteht, sagt schon viel über die Gemeinde aus, die sich auf diesen Prozeß einläßt.
Entsteht das Leitbild nur in den Köpfen der „Profis"? Wird es in langen ermüdenden Sitzungen, quasi aseptisch, am grünen Tisch geplant? Sind die Gruppen der Pfarrei beim Entstehungsprozeß vertreten? Werden auch die sogenannten „Leute von der Straße" miteinbezogen?
Geht man auf die Straße, in die Häuser, an die Arbeitsplätze, kurz gesagt: Wird der Lebensraum der Menschen, ihre Wohn- und Arbeitsverhältnisse, ihre Einstellungen und Lebensgewohnheiten, miteinbezogen?
Was lasse ich mir das Leitbild kosten? Zeitlich und finanziell?
Machen wir uns allein auf den Weg, oder suchen wir uns eine Beraterin, einen Berater?

Diese Fragen sollten bereits im Vorfeld geklärt werden. Eine Leitbildentwicklung kostet Zeit und Energie. Sie sollte nur in Angriff genommen werden, wenn die alten Muster der Gemeindegestaltung nicht mehr ziehen, wenn also der Leidensdruck groß ist, es überall kriselt und der Handlungsbedarf unübersehbar ist. Die Entwicklung eines Leitbildes hat mit Wandlung, mit Suche nach einer neuen Identität zu tun. Sie hat nur dann eine Chance, wenn sie gewollt ist.
Ein Leitbild fragt nach dem Selbstverständnis einer Gemeinde, nach ihrer „Botschaft", nach Aufgaben, Entscheidungs- und Informationswegen, nach Organisationsstrukturen und nach dem Umgangston.
Wer sind wir?
Was wollen wir?
Welchem Bild von Kirche fühlen wir uns verpflichtet?
Welche Worte Jesu sollen bei uns ganz oben stehen?
Wie organisieren wir uns, daß unsere Botschaft schon in unseren Strukturen zum Ausdruck kommt?
Wie treffen wir Entscheidungen?
Wie gehen wir mit Informationen um?
Wie werden Menschen bei uns willkommen geheißen, verabschiedet, wie wird ihnen gedankt usw.?
Wie gehen wir mit unserem „Material" um? Mit Räumen und Gebäuden, mit den Hilfsmitteln, die im Sekretariat zur Verfügung stehen? Wer darf diese nutzen?

Nehmen wir beispielsweise die Gemeinde A. Dort empfahl der Pfarrgemeinderat im September 1991 seinem Seelsorgeteam, die bisherigen Schwerpunkte, Ziele und Tätigkeiten der Gemeindearbeit zu überdenken. Zudem regte er an, die Neuorientierung nicht ausschließlich im Kreise des Seelsorgeteams, sondern unter Einbeziehung von Gemeindemitgliedern vorzunehmen. Bei einer Aussprache mit dem Seelsorgeteam wurde dieses Anliegen eingehend besprochen. Das Seelsorgeteam sagte zu und setzte daraufhin eine Projektgruppe ein, die das weitere Vorgehen planen sollte. Die Gruppe, die sich im Sommer 1992 an die Arbeit machte, legte zunächst ihren Arbeitsplan fest. Sie machte es sich zum Ziel, bei den aktiven Gemeindemitgliedern einen Denkprozeß anzuregen und deren Sicht der Pfarrei in das Leitbild zu integrieren. Von einer repräsentativen Umfrage, in der es auch um die Erfassung der nicht aktiven Gemeindemitglieder geht, sah man ab, da das die Kapazitäten der Arbeitsgruppe überschritten hätte. Mit einem selbsterarbeiteten Fragenbogen wurde unter den bestehenden pfarrlichen Gremien und Gruppen Interviews gemacht. Unter den Nichtaktiven wurden ausgewählte Mitglieder interviewt. In Gottesdiensten wurde zuvor über die Befragung informiert. Daneben gab es insgesamt drei Vortrags- und

Diskussionsabende für die ganze Pfarrei zum gesellschaftlich-kulturellen Umfeld der Gemeinde. Bis zum Sommer 1993 wurden die Interviews ausgewertet, und im Herbst wurden die Ergebnisse im Pfarrblatt veröffentlicht. Desweiteren wurden Daten gesammelt zur gesellschaftlichen Situation (kirchlich, kulturell, sozial) der Region, in der die Pfarrei A. liegt.
Alle Daten dienten als Grundlage für die Formulierung des Leitbildes, das dann an Gremien und Gruppen der Gemeinde und an Einzelpersonen zur Stellungnahme versandt wurde. Deren Verbesserungsvorschläge und Wünsche sollen in einem weiteren Arbeitsschritt eingearbeitet werden. Der gesamte Prozeß umfaßte 23 Sitzungen, davon ein Wochenende und zwei eintägige Sitzungen. Die Gruppe wurde von einem externen Berater begleitet.

Im Fachjargon ausgedrückt hat die Arbeitsgruppe folgendes gemacht:
1. Sie hat eine ausführliche Datensammlung erstellt. Bei einer Datensammlung geht es um die Analyse des Ist-Zustandes, nicht um Wunsch- vorstellungen, wie die Gemeinde sein sollte. Dieser erste Schritt wird oft zu schnell abgehakt. Es scheint schwer, sich neben den Sonnen- auch die Schattenseiten anzuschauen. Die oben genannten Fragen sind alles Fragen, die die Ist-Analyse betreffen. Erst wenn sie genau beantwortet sind, kann der Weg weitergehen.
2. Sie hat die Daten veröffentlicht, das heißt, den Gruppen und Gremien zur Gegenkontrolle zurückgegeben.
3. Sie hat interveniert: geordnet, gewertet, interpretiert, differenziert; es wurde ein Kriterienkatalog erstellt, es wurden Prioritäten gesetzt und Optionen getroffen. Aus der genauen Ist-Analyse des ersten Schrittes ergeben sich automatisch Visionen und Wünsche, was anders und besser werden sollte. Diese werden jetzt genauer betrachtet, durchbuchstabiert, ihr Für und Wider erwogen.
4. Die Arbeitsgruppe hat das Ergebnis veröffentlicht mit der Bitte um Stellungnahme (Daten-feed-back einholen).
5. Schließlich wurden die Vorschläge in den Entwurf eingearbeitet.

Abschließend muß noch geklärt werden, wie das so entwickelte Leitbild nun in den verschiedenen Gruppen und Gremien wirksam wird. Die Grobziele des Leitbildes müssen noch in mittelfristige und kurzfristige Ziele umgesetzt werden. Ebenso müssen Verantwortliche gefunden werden, die sich für den Prozeß in den einzelnen Gruppen und Gremien zur Verfügung stellen. Es braucht darüber hinaus auch ein gesamtverantwortliches Team, das auch für die Verwirklichung im Seelsorgeteam sorgt. Das könnte etwa der Pfarrgemeinderat sein.

10.5 Wovon wir in unserer Arbeit geleitet werden: Einige Leitbilder der jüngsten Zeit

Im folgenden werden Leitbilder vorgestellt, die sich aus der neueren theologischen Entwicklung seit dem II. Vatikanum ergeben haben. Es sind Leitbilder, hinter die zurückzufallen nicht mehr möglich, sie zu überbieten aber um so wünschenswerter ist. Begonnen wird bei der Vorstellung der Leitbilder mit einem ganz großen Entwurf, dem Leitbild der Kirche als Volk Gottes, wie es die dogmatische Konstitution, also der päpstliche Erlaß, „Lumen Gentium" (Licht der Völker; LG) beschreibt.

10.5.1 Die Kirche als Volk Gottes

„Zu aller Zeit und in jedem Volk ruht Gottes Wohlgefallen auf jedem, der ihn fürchtet und gerecht handelt (vgl. Apg 10,35). Gott aber hat es gefallen, die Menschen nicht einzeln, unabhängig von aller wechselseitigen Verbindung, zu heiligen und zu retten, sondern sie zu einem Volk zu machen, das ihn in Wahrheit anerkennen und ihm in Heiligkeit dienen soll ..." (LG 9).
„Christus der Herr, als Hoherpriester aus den Menschen genommen (vgl. Hebr 5,1-5), hat das neue Volk ‚zum Königreich und zu Priestern für Gott und seinen Vater gemacht' (vgl. Offb 1,6; 5,9-10). Durch die Wiedergeburt und die Salbung mit dem Heiligen Geist werden die Getauften zu einem geistigen Bau und einem heiligen Priestertum geweiht ..." (LG 10).

Die Sprache des II. Vatikanischen Konzils ist in der Tat veraltet. Die Formulierung schreckt ab und fordert zu Widerspruch heraus, nicht zuletzt, weil die Texte Texte von Männern sind, Frauen also weder bei der Beratung, noch bei ihrer Formulierung gefragt waren. Aber sehen wir einmal davon ab, und schauen wir auf die inhaltlichen Aussagen der Zitate. Folgendes Resumee läßt sich daraus ziehen:
Der Begriff Volk Gottes umfaßt zwei Pole: Gott und den Menschen. Gott beruft den Menschen, sein Partner, seine Partnerin zu sein. Das ist ein individueller Vorgang und gleichzeitig ein Geschehen der Gemeinschaftsbildung, denn der Mensch soll nicht allein bleiben, sondern sich zum „Volk Gottes" zusammenschließen.
Der Konzilstext besagt weiter, daß jeder Mensch zum Volk Gottes berufen ist. Jeder Mensch ist Adressat und Träger der Berufung durch Gott. Als solcher ist er zugleich Vorgabe und Aufgabe der Kirche. Er gehört zu ihrem Wesen. Als

Berufener kommt jedem Menschen „ekklesiologische", das heißt kirchenbildende Bedeutung zu. Das II. Vatikanum hat dieses in seiner Lehre von der Kirche als Volk Gottes, insbesondere im II. Kapitel der dogmatischen Konstitition „Lumen Gentium" beschrieben.
Die Pastoralkonstitution „Gaudium et spes" (Freude und Hoffnung; GS) drückt dies so aus: „Der Mensch also, der eine und ganze Mensch, mit Leib und Seele, Herz und Gewissen, Vernunft und Willen steht im Mittelpunkt unserer Ausführungen. Die Heilige Synode bekennt darum die hohe Berufung des Menschen, sie erklärt, daß etwas wie ein göttlicher Same in ihm eingesenkt ist, und bietet der Menschheit die aufrichtige Mitarbeit der Kirche an zur Errichtung jener brüderlichen Gemeinschaft aller, die dieser Berufung entspricht" (GS 3).
Gaudium et spes konkretisiert, was in Lumen Gentium schon angeklungen ist: Der Mensch und das Verhältnis zu ihm ist das zentrale Thema des II. Vatikanums. Im Menschen durchdringen sich menschliche, weltliche und kirchliche Probleme.
Was bedeuten diese Zitate aus den Texten des II. Vatikanischen Konzils nun für das Leitbild einer Gemeinde?
Eine Gemeinde ist nur so lange Kirche Christi, wie sie sich der menschlichen Probleme in Kirche und Welt annimmt und bemüht ist, Mensch, Welt und Kirche zu verchristlichen. Eine Gemeinde, die sich so versteht, macht deutlich, daß der Mensch Prinzip der Ekklesiologie ist und daß Probleme des Menschen auch Probleme der Kirche sind.
Eine solche Gemeinde nimmt das prophetische Wort von der Sabbatkritik Jesu (Mk 2,27) ernst und wendet es auf sich selber an: Die Gemeinde ist für den Menschen da und nicht der Mensch für die Gemeinde. Über jeden Selbsterhaltungstrieb setzt sie ihr pastorales Prinzip: Es geht um die Vermenschlichung der Welt und um die Verchristlichung des Menschen.
Eine Gemeinde, der es darum geht, versteht sich immer weniger als Institution und immer mehr als Bewegung, als Ort von lebendigen Beziehungen. Sie macht sich das Bild vom „wandernden Gottesvolk" zu eigen und sieht ihren Weg in einer doppelten Selbstüberschreitung, nämlich auf Gott hin und den Menschen.
Eine Pastoral, die sich dem Bild vom wandernden Gottesvolk verschreibt, erwartet von ihren MitarbeiterInnen besondere Fähigkeiten: „Beraten, begleiten und befähigen" sind Kompetenzen, die sich von den Handlungsmaximen „betreuen, verpäppeln und abhängig machen" klar unterscheiden. Menschen in ihrer Subjektwerdung zu stärken ist innerstes Prinzip aller Handlungen. In einer solchen Gemeinde werden Menschen nicht verobjektiviert. Sie werden nicht als „Rekrutierungsmasse" für leere Kirchenbänke oder wichtige Aufgaben betrachtet. Einer solchen Gemeinde geht es vielmehr um die Subjektwerdung ihrer

Mitglieder. Als Subjekte haben Frauen und Männer Rechte und Verantwortung in und für die Gemeinde. Sie sind nicht nur zum Mitdenken, Mitverantworten oder Durchsetzen der von den Hauptamtlichen ersonnenen Pläne da.

10.5.2 Gemeinde als versöhnte Gesellschaft

„Alle seid ihr durch den Glauben Söhne und Töchter (Einfügung der Autorin) Gottes in Christus Jesus. Ihr alle nämlich, die ihr auf Christus getauft wurdet, habt Christus angezogen. Da gibt es nicht mehr Juden und Griechen, Sklaven und Freie, Mann oder Frau, denn ihr alle seid einer in Christus Jesus" (Gal 3, 26-29).

Paulus entwirft in seinen Briefen immer wieder den Gedanken von der Gemeinde als versöhnter Gesellschaft. Dies ist kein Zufall, wird er doch an verschiedenen Orten, so zum Beispiel in der Gemeinde von Korinth, mit Streitereien und Spaltungen konfrontiert. Aber auch die sogenannten Judenchristen und an erster Stelle Petrus machen Paulus das Leben schwer. Sie wollen die Beschneidung und die Beachtung bestimmter jüdischer Vorschriften als Voraussetzung des Christseins durchsetzen. Von der Freiheit des Paulus, die ausgedrückt ist in Vers 26 „Alle seid ihr durch den Glauben Söhne und Töchter Gottes", wollen sie nichts wissen.
Für Paulus ist dieser Satz aber der Dreh- und Angelpunkt dessen, was er erfahren hat: Alle, ob Jude oder Grieche, Sklave oder Freier, Mann oder Frau, sind zur Gotteskindschaft berufen. Die Gotteskindschaft beruht auf Glaube und Taufe. Exegeten meinen, daß es sich in den Versen 26-28 um eine vorpaulinische Taufformel handelt. Sie entstand vielleicht in einer jüdisch-griechischen Diasporagemeinde; nur in einer solchen Gemeinde ist das Gegensatzpaar Jude-Grieche sinnvoll. Die Tauformel veränderte nun den Status des Getauften in der Gemeinde. Sklaven und Frauen wurden zu vollen MitarbeiterInnen in der Gemeinde und konnten Ämter und Dienste übernehmen.
Gal 3, 26-28 nennt nun drei Gruppen, deren Verhältnis zueinander durch Über- bzw. Unterordnung geprägt ist. Für diese Gruppen gilt: Durch die Zugehörigkeit zu Christus ist dieses Verhältnis aufgehoben. Sie alle bilden eine Tischgemeinschaft und einen Leib, an dem ein Glied auf das andere verwiesen ist. Für das Gemeindeverständnis des Paulus bedeutet dies folgendes: Ihm schwebt eine Gemeinde vor Augen, in der sich alle, unabhängig von Rang und Namen, unabhängig von Geschlecht und Beruf begegnen können. Eine solche Gemeinde ist ein Raum, in dem Menschen in ihrer Verschiedenheit miteinander

sprechen, gemeinsam feiern und einander zur Seite stehen. In einer solchen Gemeinde werden Grenzen überschritten, Konventionen gebrochen und Traditionen hinterfragt. „Das Alte ist vergangen... Neues ist geworden“ (2 Kor 5, 17), dieser Satz ist der Hintergrund, auf dem in einer solchen Gemeinde pastoral gearbeitet wird.

Eine solche Gemeinde verdient mit Recht den Namen prophetisch oder auch Kontrastgesellschaft. Ein Bild des schwäbischen Pfarrers und Künstlers Sieger Köder verdeutlicht das sehr schön: Das Bild stellt eine bunte Gesellschaft von verschiedenen Personen, Frauen und Männern dar, die gemeinsam zu Tische sitzen. Die Parallele zur Abendmahlsgeschichte liegt auf der Hand, doch gleichzeitig bricht das Bild in vielerlei Hinsicht mit der großen Tradition der Abendmahlsdarstellungen. Vertraut sind wir mit einer Raumanordnung, die dem Querformat der Gemälde entsprechend, den Tisch mit seiner Langseite dem Betrachter zuordnet. Hier wird der Tisch vertikal ins Bild gerückt. In der perspektivischen Verkürzung ergibt dies eine Gruppierung der Tischgäste, die sich einem Kreis annähert. Diese Form betont die Gemeinsamkeit der Tischrunde.

Ungewöhnlich ist, daß die Hauptfigur, Jesus, fehlt. Sein Platz ist dort, wo der Betrachter steht, am vorderen Ende des Tisches. Jeder kann mit seinen Händen in die gerade noch gezeigten Hände hineinschlüpfen, dann ist er selbst „im Bilde". Schließlich gibt dieses Gemälde auch die übliche Zwölfzahl der Jünger auf. Es sind hier nur sieben – Zahl der universalen Ganzheit –, aber keineswegs Jünger des wohlbekannten Typs, nicht einmal nur Männer, sondern Männer und Frauen recht unterschiedlicher Art und Herkunft.
Rechts vorne sitzt ein Schwarzer in Sträflingskleidung, daneben eine Dame, offensichtlich aus vornehmen Kreisen, dahinter ein Intellektueller mit skeptischer Mine, rechts von ihm ein Clown. Mehr als alle anderen zu schen ist eine vornübergebeugte alte Frau. Ob sie blind ist? Die junge Frau links ist unschwer als Prostituierte zu erkennen, und neben ihr, in nächster Nachbarschaft, sitzt ein jüdischer Rabbi, deutlich erkennbar an seinem Gebetsmantel. Eine bunt zusammengewürfelte Gesellschaft, wahrlich!
In einer Gemeinde, die solch unterschiedliche Menschen um einen Tisch versammelt, wird sogenanntes Herrschaftswissen nicht unterstützt. Dagegen verdient Wissen, das der Heilung von Beziehungen dient, besondere Aufmerksamkeit. Es ist das Ziel, die vielfach zerbrochene Tischgemeinschaft wieder herzustellen. Aus diesem Anliegen ergeben sich Themen wie „interreligiöser Dialog, Ökumene, Mensch und Natur, Frau und Mann, Erwerbstätige und Arbeitslose ...". Für eine solch neue Gemeinde in Christus sind patriarchalische Beziehungen nicht mehr konstitutiv.
Von seiten der Gemeindeleitung sind Monologe nicht angebracht, sondern gefordert ist alles, was dem Dialog dient, ihn fördert und institutionalisiert. Streiten ist nicht nur geduldet, sondern auch erwünscht. Die Angst vor Unterschieden, Grenzen und dem Gefühl der Fremdheit wird als Herausforderung und Weg betrachtet, dem man folgen sollte. Wer in solch einer Pfarrgemeinde leitend tätig ist, sollte das Charisma des Zusammenführens und des Integrierens reichlich üben. Integration heißt nicht, Verschiedenheiten unter den Teppich kehren.

10.5.3 Gemeinde als Sauerteig

„Außerdem sagte er: Womit soll ich das Reich Gottes vergleichen? Es ist wie der Sauerteig, den eine Frau unter einen großen Trog Mehl mischte, bis das Ganze durchsäuert war" (Lk 13,20).

Das Gleichnis vom Sauerteig gehört in die Reihe der Gleichnisse, in denen Jesus vom unscheinbaren Anfang des Reiches Gottes unter den Menschen spricht. Es steht damit in diametralem Gegensatz zu Bildern, wie sie zum Beispiel das Gottesloblied (Kirchengesangbuch für die katholischen Bistümer im deutschsprachigen Raum) ausdrückt:

Ein Haus voll Glorie schauet
weit über alle Land,
aus ewgem Stein erbauet
von Gottes Meisterhand.
Gott, wir loben dich,
Gott, wir preisen dich.
O laß im Hause dein
uns all geborgen sein.

Das Verständnis einer „ecclesia triumphans“ oder einer „ecclesia gloriae“ ist noch gar nicht so lang zu Grabe getragen worden. Ihr Gegenstück läßt sich vielleicht in den Gleichnissen vom Unscheinbaren, vom Senfkorn, von der selbstwachsenden Saat, vom Sauerteig finden.

Der Pilz, der den Sauerteig erst zum Sauerteig macht, dieser Pilz, das wissen alle Frauen und Männer, die das Brotbacken als ursprüngliche Tätigkeit wiederentdeckt haben, ist am Ende nicht mehr auffindbar. Er verbindet sich so sehr mit dem Teig, daß er unsichtbar wird, nicht mehr zu erkennen – aber auch nicht zu überschmecken. Dieser Pilz, der sich da in verborgenen chemischen Prozessen verausgabt, auflöst, nach dem Augenschein nicht mehr nachweisbar ist, gibt andererseits dem entstehenden Teig seinen Geschmack und, das ist besonders interessant, auch seinen Namen. Ein Vergleich mit unserem Kosmos sei erlaubt.

Die Sonne ist ein Himmelskörper, der strahlt. Sie ist unübersehbar. Der Mond, im Gegensatz zur Sonne, ist finster, er strahlt nicht. Aber er wirkt, zum Beispiel in der Beeinflussung von Ebbe und Flut. So ist es auch mit dem Sauerteig. Der Sauerteig als Symbol für das Reich Gottes – schon im Munde Jesu ist dies ein anstößiges Bild – ist vollkommen konträr zu den gängigen Messiaserwartungen gewesen. Der Sauerteig – ein mögliches Leitbild für die Gemeinde? Das löst zunächst einmal Ängste und Widerstände aus.

Muten wir uns einmal den Gedanken von einer Gemeinde zu, die wie ein Sauerteig ist. Eine solche Gemeinde will keine Sondergesellschaft in oder gar gegen die Welt sein. Eine solche Gemeinde verbindet sich mit allen anderen Bewegungen, Organisationen und Institutionen, die Geschmack in die Geschmacklosigkeit der Welt bringen. (Den Geschmack des Evangeliums tragen oft Gruppen, die nicht speziell kirchlich verankert sind.) Eine solche Gemeinde hat keine Angst vor der Welt, sie liebt sie, und weil sie sie liebt, geht

sie in sie ein. In etwas anderes hineingehen oder sogar hineinsterben ist etwas anderes als untergehen! Das Prinzip des Umgangs zwischen einer solchen Gemeinde und der Welt ist die Perichorese, das heißt die Durchdringung. Mit diesem Wort wurde seinerzeit das Verhältnis von den zwei göttlichen Naturen, nämlich göttlicher und menschlicher, zueinander bestimmt. Jesus Christus ist wahrer Mensch und wahrer Gott, ungetrennt und unvermischt.
Eine solche Gemeinde hat es gut, sie braucht nämlich nur minimale Strukturen. Ihr institutioneller Aufwand ist sehr gering. Ein realistisches Beispiel geben die Kleinen Schwestern von Charles de Foucauld. Diese Schwestern leben in einfachsten Wohnblocks als Menschen unter Menschen. Sie sind einfach da, ansprechbar. Sie haben kein großes Programm, sie planen keine außerordentlichen Aktivitäten. Sie sind, was sie sind, nicht mehr und nicht weniger, eine Kirche ohne Kirchenglocken, Sauerteig in der Welt. Die Kleinen Schwestern, sie scheinen nicht, sie wirken. Ihre Türklingel steht niemals still, und der Küchentisch wird niemals leer.
Das, was Sozialarbeiter unter Streetwork und Jugendarbeiter unter „offener Jugendarbeit" verstehen, kommt dem Wirken des Sauerteigs sehr nah: sich mit den Betroffenen verbünden, in ihr Milieu (Milieu kommt aus dem Französischen, au milieu, das heißt in der Mitte) einsteigen, es durchdringen, durchsäuern, eingehen, Selbstorganisation unterstützen. Von den Verantwortlichen dieser Arbeit verlangt das Folgendes: Nähe auszuhalten und zu gestalten, eben au milieu präsent sein und Glaube an die zarten Anfänge und unberechenbare Wirkkraft des Unscheinbaren. Ihre Spiritualität ist getragen von dem Satz: „Es gibt viel mehr Möglichkeiten als wir ahnen, ganz zu schweigen von den ungeahnten Möglichkeiten Gottes mit seiner Schöpfung."

10.5.4 Wer da dürstet ...

„Auf, auf ihr Durstigen, kommt alle zum Wasser! Auch wer kein Geld hat, soll kommen.
Kauft Getreide und eßt, kommt und kauft ohne Geld, kauft Wein und Milch ohne Bezahlung!" (Jes 55,1)

Der Text aus dem 55. Kapitel des Jesaja-Buches gehört zu den Schriften des Deuterojesaja und wurde zu der Zeit verfaßt, als das Volk Israel in der Babylonischen Gefangenschaft, weit ab der Heimat war. Den Texten des sogenannten Trostbuches des Deuterojesaja ist ein tröstender Unterton zu eigen, der sich sehr deutlich von den Drohworten der vorausgehenden Kapitel

unterscheidet. Entgegen dem Schema dieser Welt, das auf Leistung und Gegenleistung beruht, führt Jesaja ein ganz anderes Prinzip vor Augen. „Schenken statt bezahlen, Gnade vor Recht, Barmherzigkeit statt Prinzipien", mit diesen Worten läßt sich das neue Paradigma beschreiben. Was steckt dahinter? Dahinter steht das Bild eines Gottes, der die Menschen vor aller Gegenliebe immer schon geliebt hat oder, um es mit Worten des bekannten Theologen Karl Rahner auszudrücken, „die ungeschuldete Liebe Gottes".
Was bedeutet das nun für die Gemeinde? Ein Beispiel mag dies verdeutlichen: In der Pfarrei Z. hat der diakonische Bereich einen hohen Stellenwert. Nicht nur daß es viele Initiativen wie einen Besuchsdienst für ältere und kranke Menschen, eine Behindertengruppe, eine Kontaktgruppe für Neuzuzügler, eine Hausaufgabenhilfe usw. gibt. Nein, die Pfarrei Z. hat sich für die Diakonie als Grundprinzip aller pastoraler Bemühungen entschieden. Das bedeutet, daß selbst im Bereich „Verkündigung" das „Zeugnis von der zuvorkommenden Liebe Gottes" Vorrang vor allen pädagogischen oder katechetischen Zielen hat. Die Frage, welche Bedingungen und Leistungen zum Beispiel an die Spendung von Sakramenten gebunden sind, wird offen gestellt. Je höher ich die Hürde zu ihrer Erreichung lege, um so ernster muß ich mich nach denen fragen lassen, die diesen Anforderungen nicht genügen können. Gegen das gesellschaftliche Leistungsprinzip, das nur dem Chancen ermöglicht, der die diversen materiellen wie intellektuellen Hindernisse überwinden kann, hat sich die Pfarrei Z. für den gnadentheologischen Ansatz „Wer da dürstet, der nehme das Wasser des Lebens umsonst" (Offb 22,14) entschieden. Auf dem Hintergrund dieser Entscheidung entstanden nicht nur die oben erwähnten diakonischen Gruppen, sondern wurden auch die katechetischen Projekte wie Firmung und Erstkommunion umgestaltet.
Was verlangt nun ein solches Leitbild von den Frauen und Männern in der Gemeindeleitung? Sie müssen in der Lage sein, sich mit den Menschen vor Ort zu verbinden, nicht für oder gar gegen, sondern mit ihnen zu gehen. Sie müssen sich selbst als Nehmende erfahren haben und spüren, daß dies die Grundweise christlicher Existenz ist (das Reich Gottes annehmen wie ein Kind). Das Leistungsprinzip zu durchbrechen, heißt nicht, zum „billigen Jakob" zu werden. Es bedeutet auch nicht, Menschen in ihrer Eigenständigkeit nicht ernst zu nehmen, sie zu schonen und auf eine subtile Art abhängig zu machen. Es bedeutet vielmehr, mich im Hier und Jetzt mit den Menschen zu verbinden, die Gott mir über den Weg geschickt hat. Es heißt, all denen eine Absage zu erteilen, die mit einem absoluten Maßstab in der Hand alle und jeden über den gleichen Kamm scheren wollen.
Die Gemeindeleitung muß bereit sein, das Anbieten zu üben und die Angst vor

dem Selbstverlust und dem Zukurzkommen der eigenen Interessen zu überwinden. Ihr größtes Interesse muß darin bestehen, Menschen einen Rastplatz auf dem Weg zu geben, in dem Wissen, daß der Weg jedes einzelnen noch weit ist und nur von ihm selbst entschieden und gegangen werden kann. Das Umsonst der Liebe Gottes können nur die weitergeben, die es selbst immer wieder erfahren. Das entspricht dem, was die Juden „Sabbatlichkeit" der Religion nennen. „... und Gott ruhte am siebten Tag... Und er segnete den siebten Tag und erklärte ihn für heilig..." (Gen 2,2f). Die Sabbatlichkeit, das große „Umsonst" ist Grunderfahrung und Ziel einer solchen Gemeinde.

11. Exodus – Modellfall für eine Gemeindeentwicklung

Neben ihrer einmaligen theologischen Bedeutung ist die Exodusgeschichte auch eine beispielhafte Erzählung darüber, wie Gruppen mit Entwicklungen umgehen. Entwicklung ist ein Weg. Entwicklung hat es mit Veränderung zu tun. Am Anfang steht vielleicht ein einschneidendes Ereignis (die Gemeinde bekommt beispielsweise keinen Pfarrer mehr) oder ein lang voraussehbarer Trend (das Kirchensteueraufkommen geht allmählich zurück). Gleich wie es ist, es ist der Leidensdruck, der zur Veränderung, zur Entwicklung führt. Ohne ihn bewegen sich Menschen oder Gruppen in der Regel nicht.

Ist der Leidensdruck, wie in der Exodusgeschichte, groß und die ins Auge gefaßte Lösung, der Auszug aus dem Leiden, einigermaßen geplant, dann geht es in die Phase des Widerstandes. Von Kampf über Flucht zu schleichenden oder offenen Erosionsprozessen wird ihnen so alles begegnen, was sie am Weitergehen hindern kann (die Gespräche des Mose mit Jahwe im brennenden Dornbusch oder seine Auseinandersetzung mit dem Pharao illustrieren diese Phase).

Was nun? Die Verfechter des Neuen neigen meist dazu, Widerstand als garstige Ungezogenheit bzw. als pubertäre Rebellion abzutun und ihrerseits einen Gang höher zu schalten. Anders ist es, wenn sie Widerstände nicht mit den moralischen Kategorien von Gut und Böse verbinden, sondern ihnen als einem berechtigten Phänomen begegnen. Widerstände sind, betrachtet man sie wertfrei, „richtig". Das heißt: Widerstände machen Sinn. Welchen Sinn sie machen, muß in Gesprächen herausgefunden werden. Vielleicht sind die Ziele zu hoch, zu ungenau, zu einseitig. Vielleicht wurden die von den Veränderungs- und Entwicklungsprozessen Betroffenen nicht in das Vorgehen miteinbezogen. Vielleicht wurden die Neuerungen nur angekündigt und nicht diskutiert. Vielleicht ging alles zu schnell, zu heimlich, wurde am „grünen Tisch" oder in der Chefetage entwickelt und ausgedacht.

Sobald diese Hindernisse aber überwunden sind, tritt der Veränderungsprozeß in eine neue Phase: die des Ausprobierens. Bewähren sich die Neuerungen, so werden sie schnell zur Gewohnheit. Man bezeichnet dies dann als Phase der Institutionalisierung (die Gesetzgebung am Sinai und andere Gesetzessammlungen bringen das Neue in eine Form, institutionalisieren es also). Damit ist der Entwicklungsprozeß erst einmal abgeschlossen ... ein neuer steht sicherlich schon vor der Tür!

In diesem Kapitel werden die skizzierten Phasen einer Veränderung am Beispiel der Exodusgeschichte beschrieben. Am Ende jedes Abschnittes finden Sie Fragen, die dazu anregen, das Beschriebene auf Ihre eigene Pfarrei-/ Gemeindesituation zu übertragen.

11.1 Das Volk der Hebräer im Sklavenhaus Ägyptens (Ex 1)

Die Situation Israels in Ägypten beschreibt das Alte Testament folgendermaßen: „... die Söhne und Töchter Israels waren fruchtbar, so daß das Land von ihnen wimmelte" (Ex 1,7). Angesichts des expandierenden Fremdvolkes fühlen sich die Ägypter in ihrem eigenen Land bedroht. Sie setzen Fronvögte über die Israeliten ein, um sie besser kontrollieren und steuern zu können. Der Plan der Ägypter geht jedoch nicht auf: Die Israeliten vermehren sich weiterhin. „Daher gingen sie hart gegen die Israeliten vor, machten sie zu Sklaven. Sie machten ihnen das Leben schwer durch harte Arbeit auf den Feldern" (Ex 1,13 und 14). Um das Anwachsen des Fremdvolkes im eigenen Land zu verhindern, gehen die Ägypter sogar so weit, daß sie alle neugeborenen Knaben der Israeliten töten lassen. Die biblische Geschichte erzählt auch, wie zwei Frauen, die Hebammen Schiffra und Pua, dem Befehl des Pharao nicht gehorchen. Eine recht trostlose Situation, in der sich Israel in Ägypten befindet: Sklavenarbeit, Fremdbestimmung, Kontrolle in allen Bereichen des Lebens.
Dennoch, der Leidensdruck des Volkes scheint noch nicht so groß zu sein, daß es seine Gefangenschaft sofort aufgeben will. Die Hebräer leben zwar in Unfreiheit, aber sie genießen auch die Versorgung mit Arbeit, Wohnung und Brot im Land der Ägypter. Der Alltag ist geregelt, und die Machtverhältnisse sind klar. Dies erspart den Hebräern das Ringen um die eigene Identität. „Hier in Ägypten wissen wir, was wir haben." Das ist besser als die Unsicherheit, die eine Veränderung mit sich bringen würde.
Der Vergleich mit der saturierten Kirche, mit saturierten Gemeinden, saturierten Menschen an den ägyptischen Fleischtöpfen der Gegenwart drängt sich auf. „Lieber Öl als Sand im Getriebe" heißt der Friede, der allenthalben geschlossen wird. Dieser Friede kostet „lediglich" den Preis der Ein- und Anpassung ins herrschende System, in herrschende Beziehungen, in herrschende Ideologien. Die Bequemlichkeit und das Altbewährte haben Vorrang. Die eigene Identität, das, was die Kirche oder eine Gemeinde oder ein Mensch in den Augen Gottes sein könnte, wird leichtfertig vergessen. Daß dieser schleichende Erosionsprozeß mit Gottesferne zu tun hat, genau genommen Gottesferne ist, fällt keinem auf. Die eigene Identität als Volk Gottes zu verkaufen ist gleichbedeutend mit dem, was Erich Fromm den „Verrat am Selbst" nennt. Nach diesem Verrat kräht kein Hahn! (vgl. Breuss)
Den Hebräern in Ägypten ist es jedenfalls so ergangen. Über Jahre hinweg haben sie sich ins ägyptische System eingepaßt. Anpassungsprozesse gehen subtil vonstatten. Sie ähneln Bewegungen unter der Oberfläche, schlangenhaftes Schleichen um den heißen Brei. Diese Untergründigkeit braucht einen hohen

Energieaufwand. Es gibt viel zu tun: Zukunftsweisende Visionen sind zu verleugnen oder wenigstens kleinzuhalten; Konflikte sind zu vermeiden, wenigstens aber zu begrenzen; aufdeckende Fragen sind zu verdrängen oder wenigstens mit großer Bescheidenheit und Charme auszusprechen; Kritik soll hinuntergeschluckt oder allenfalls, wenn es denn wirklich sein muß, verschlüsselt und dezent geübt werden...
Auch in der Geschichte des Volkes Israel hält sich der Schwindel lang. Er wird erst aufgedeckt, als ein Mann, ganz offensichtlich und schuldhaft,den faulen Frieden durch einen Mord stört und daraufhin flieht. Die Flucht dieses Mannes führt in die Wüste, dem Ort größter Abhängigkeit des Menschen von Gott und größter Unabhängigkeit des Menschen von menschengemachten Pseudowahrheiten und Gesetzen. Dieser Mann ist Moses. In der Wüste entdeckt er das Wesen seines Volkes: Israel, das Volk Gottes auf dem Weg! Hinaus aus allen gegenwärtigen und zukünftigen Sklavenhäusern in die Freiheit der Söhne und Töchter Gottes. Nicht Sklaven sollen die Hebräer sein, sondern Freie, nicht zur Ruhe gesetzt, sondern auf dem Weg. Die Gegenwart, der Ist-Zustand widerspricht der Zukunft, dem Soll. Ein langer Weg beginnt...

Übertragung auf die Gemeindewirklichkeit:
Die Auszugsgeschichte bietet sich als Modell für einen Gemeindeentwicklungsprozeß an. Die soeben behandelte Perikope kann dabei den Ausgangspunkt darstellen.
1. Wie sieht unser Ägypten aus? Wie beschreiben wir den Ist-Zustand unserer Gemeinde? (Gruppen, Projekte, Aufgaben auflisten; dazu die Namen von Verantwortlichen, Trägern, gegebenenfalls von Mitarbeitern)
2. Womit sind wir zufrieden? Womit unzufrieden?
3. Was hindert uns daran? (Interessen, Verpflichtungen, Personen)

11.2 Von der Schwierigkeit, einer Vision zu trauen (Ex 3)

Aus Eifer für sein Volk hat Mose einen Ägypter erschlagen. Der Mord fliegt auf, und Mose flieht in die Wüste. Doch unter seinen Füßen wandelt sich die Flucht in einen Weg. Weit ab von den Fleischtöpfen Ägyptens, weit ab von allen Annehmlichkeiten und Abhängigkeiten entdeckt Mose den Verrat seines Volkes an der Berufung seiner Väter Abraham, Isaak und Jakob. Er entdeckt die Entfremdung des Volkes im Arrangement mit der Macht Ägyptens und die daraus erwachsenen faulen Kompromisse diplomatischer Spielregeln. Was Mose später zum Führer des Volkes macht, zeichnet sich hier bereits ab: Mose

ist Visionär. Er ist ein Prophet, ein Vorausschauender, einer, der tiefer blickt. Einen solchen Menschen trifft das Geheimnis Gottes im Dornbusch. Im Lichteinfall Gottes erkennt Mose die Wahrheit seines Volkes. Sie hebt sich ab vom schmutzig grauen Hintergrund verfehlter Identität.
Die Erzählung macht deutlich, daß der Prozeß des Anschauens der kollektiven Wahrheit und der kollektiven Wesensverfehlung selbst für Mose nicht ohne Kampf abgeht. Die inneren Zweifler schlafen nicht. Zögernde ängstliche Stimmen machen sich breit. „Was aber, wenn sie mir nicht glauben und nicht auf mich hören, sondern sagen: Jahwe ist dir nicht erschienen?" Und wenig später: „Aber bitte, Herr, ich bin keiner, der gut reden kann, weder gestern noch vorgestern, noch seitdem du mit deinem Knecht sprichst. Mein Mund und meine Zunge sind nämlich schwerfällig." Bevor Mose wirklich von der Verheißung Gottes überzeugt ist, muß er selbst erst viele Hürden überwinden. Er glaubt ja schon fast selbst nicht mehr daran, daß sein Volk in einem „schönen, weiten" Land leben darf, in einem Land, in dem „Milch und Honig" fließen. Das Leben im Sklavenhaus ist ihm in Fleisch und Blut übergegangen. Alles, das Sehen, Urteilen und Handeln, haben sich auf das Maß der Gefangenschaft reduziert. Die „Plausibilität des Faktischen" regiert.
Um die eingefleischten Ängste und Befürchtungen des Mose zu zerstreuen, braucht es ein beharrliches Gegenüber im Dornbusch. Überzeugungsarbeit ist angesagt: „Ich bin der Gott deiner Väter, der Gott Abrahams, Isaaks und Jakobs, der Ich-bin-da." „Ich habe das Elend meines Volkes gesehen, und ihre Klage über ihre Antreiber habe ich gehört. Ich kenne ihr Leid. Ich bin herabgestiegen, um sie der Hand der Ägypter zu entreißen und aus jenem Land hinaufzuführen, in ein schönes, weites Land, in ein Land, in dem Milch und Honig fließen... Und jetzt geh! Ich sende dich zum Pharao. Führe mein Volk, die Israeliten, aus Ägypten heraus." (Ex 3,7; 8a und 10) Dem Gott, der einst mit Abraham aus Ur in Mesopotamien auszog, der Isaak und Jakob auf ihren Wegen begleitete, dem Gott entspricht ein Volk des Auszugs aus der Anpassung. Für das Volk geht es um alles. Es geht um Identitätsfindung und im Zuge dessen um Herrschaftswechsel. Es geht um die Frage, ob die Hebräer mehr Kinder Jahwes als Kinder Ägyptens, mehr Kinder der Freiheit als Kinder der Fremdherrschaft sein wollen. Darüber muß sich Mose mit dem Volk auseinandersetzen. Die eigenen Ängste werden ihm im Volk als Widerstände begegnen. „Was aber, wenn sie mir nicht glauben...?" Mose sieht den Kampf auf Messers Schneide schon auf sich zukommen. Zur Ermutigung wird ihm ein Verbündeter zur Seite gestellt, einer, dem die Gabe der Überzeugung gegeben ist: Aaron, sein Bruder. Dies ist auch not-wendend, denn die Rückbesinnung auf die eigenen Identität als Gottes Volk muß kommunizierbar sein.

Übertragung auf die Gemeindewirklichkeit:
Das Land Kanaan, ein Land, in dem „Milch und Honig" fließen, entspricht der (noch) verborgenen Identität des Volkes Israel. Es ist Leitbild auf dem Weg und Ziel des Weges zugleich.
1. Was ist für unsere Gemeinde das Land, „wo Milch und Honig fließen"? Welche Kräfte und Hoffnungen weckt es?
2. Wie sähe unsere Traumpfarrei/Traumgemeinde aus? Wer wäre alles eingeladen?
3. An welchen Kriterien nimmt sie Maß? (Selbstvollzug der Kirche in den vier Handlungsfeldern: Diakonie, Verkündigung, Gemeinschaft, Liturgie; vergessen Sie nicht die Praxis Jesu: Gottes- und Nächstenliebe, Kult- und Sozialkritik [Option für die Armen]; doppelte Evangelisierung; Verchristlichung der Kirche und der Welt).
4. Welche Unwägbarkeiten, Widerstände stehen dem entgegen? Sind sie persönlicher, ökonomischer, religiöser Natur?

11.3 Von der Versuchung, das „gelobte Land" innerhalb der Grenzen Ägyptens zu verwirklichen (Ex 5, 6 und 9)

Mit Aaron an seiner Seite begibt sich Mose zu den Ältesten seines Volkes, und wider alle Erwartung glauben sie den Worten des Mose. „Da glaubte das Volk, und als sie hörten, daß der Herr sich der Israeliten angenommen habe, verneigten sie sich und warfen sich vor ihm nieder" (Ex 4,31).
Ein Anfang ist also gemacht: Der Traum von der eigenen Identität als Gottes Volk kreist nun in den Herzen der Ältesten. Gleichzeitig geschieht etwas Merkwürdiges: In dem Maße, wie die Hebräer Geschmack am Aufbruch aus der Gefangenschaft, Geschmack an der Identität als Volk Gottes finden, in dem Maße spüren sie nun auch das Joch der Sklaverei. Mit der Vision eines eigenen Landes, einer Heimat vor Augen wird der Druck der Fremdherrschaft zunehmend unerträglicher.
Als Mose Jahwes Pläne dem Pharao mitteilt, antwortet dieser sofort mit der Demonstration seiner Macht: „Stroh bekommt ihr nicht, aber euer Soll an Ziegeln müßt ihr erfüllen" (Ex 5,18). (Erinnert diese Situation nicht an die Pastoralpläne in Bistümern und Landeskirchen: Bezahlte MitarbeiterInnen bekommt ihr nicht, aber die wachsenden Ansprüche einer Dienstleistungskirche müßt ihr erfüllen!?)
Die Eskalation des Konfliktes nimmt nun ihren Lauf: Der Widerstand des Pharaos zieht eine Plage nach der anderen als Vergeltung nach sich. Es

entstehen endlose Gespräche zwischen Mose und ihm. Der Pharao macht unzählige Vorschläge und bietet verlockende Kompromisse, um den Abzug des Volkes zu verhindern. Die vorgeschlagenen Kompromisse variieren oft nur in Nuancen. Deshalb sind sie auch so verführerisch. „Geht und bringt eurem Gott hier im Land Schlachtopfer dar" (Ex 8,21). Oder: „Bringt also Jahwe, eurem Gott in der Wüste Schlachtopfer dar! Aber zu weit dürft ihr euch nicht entfernen" (Ex 8,24). Oder: „Geht und verehrt Jahwe! Nur eure Schafe, Ziegen und Rinder sollen bleiben!" (Ex 10,24). Lösungen im alten Schema werden propagiert; Lösungen, die die Hebräer letztlich in der Abhängigkeit von Ägypten halten sollen. (Solche Lösungen sind auch im kirchlichen Umfeld sehr beliebt.)
Karl Watzlawik, ein Gesprächsanalytiker, hat sie Lösungen im Stil von „Mehr desselben" genannt. An ihnen bleiben all die hängen, die zu eng denken und zu klein träumen. An ihnen bleiben all die Hebräer hängen, die noch glauben, daß um des lieben Friedens willen, der Gott Jahwe mit den Fleischtöpfen Ägyptens vereinbar sei.

Übertragung auf die Gemeindewirklichkeit:
1. Die Fleischtöpfe Ägyptens: Wonach sehnen wir uns zurück? (Auch Trauerarbeit will geleistet sein, bevor Energie für das Neue da ist!)
2. Was ist unser Auftrag? (1995 ist nicht 1970 und schon gar nicht 1950: Aufträge können sich ändern. Sie müssen zumindest von Zeit zu Zeit überprüft und den veränderten Realitäten angepaßt werden.)
3. Gibt es so etwas wie eine „Streitkultur" in unserer Gemeinde?
4. Wie kommen die „Schwächsten" zu Wort?

11.4 Wären wir doch in Ägypten geblieben (Ex 16 und 17)

Auf dem Weg durch die Wüste zeigt sich, daß die Vision von einem Land, „in dem Milch und Honig fließen", doch nicht so fest im Volk verankert ist.
Es war der 15. Tag des zweiten Monats nach ihrem Auszug aus Ägypten, heißt es in der Bibel, da murrte das ganze Volk gegen Mose und Aaron: „Wären wir doch in Ägypten durch die Hand des Herrn gestorben, als wir an den Fleischtöpfen saßen und Brot genug zu essen hatten." Die Strapazen der Wüstenwanderung rufen sehr bald die Nörgler und Zweifler auf den Plan. Es ist eine verallgemeinbare Erfahrung, daß gerade in der Anfangsphase von Veränderungsprozessen die kleinste Unregelmäßigkeit genügt, um gleich „die Flinte ins Korn zu werfen". Im Neuland, da, wo sich noch kein Mensch auskennt, fallen Schwierigkeiten

weit mehr ins Gewicht als in gewohnten Gleisen. „Ihr habt uns nur deshalb in die Wüste geführt, um alle, die hier versammelt sind, an Hunger sterben zu lassen!“ (16,3). Nun hageln auch noch Vorwürfe auf Mose und Aaron nieder. Gerüchte und Unterstellungen kommen ans Licht. Angst und Resignation gehen umher. Die Situation ist aufs äußerste gespannt. Von den Leitern, Mose und Aaron, ist einerseits Einfühlungsvermögen in ihr Gegenüber verlangt. Über Gefühle und Stimmungen im Volk hinwegzugehen, kann zur Eskalation bzw. zur untergründigen Rebellion führen. Andererseits ist aber auch Standfestigkeit gefragt: Standfestigkeit im Sinne von Überzeugung und Sich-Festmachen an der Verheißung. Mose und Aaron müssen sich selbst klar werden über ihren Glauben an die Verheißung und sich in der gewonnenen Klarheit dem Volk stellen.

In rollenpsychologischer Sicht entspricht die Gestalt des Mose der „charismatischen Führungspersönlichkeit“. Er ist der von Gott auserwählte Leiter. Mit ihm allein geht Gott ins Gespräch. Er ist Vermittler zwischen Gott und dem Volk. Seine Autorität, seine Macht leitet sich aus seiner direkten Verbindung her. Dies ist sein Charisma, seine Gnadengabe.

Auf dem Hintergrund der patriarchalen Clanstruktur der Halbnomaden entspricht Mose darüber hinaus dem Typus der „Vaterpersönlichkeit“. Die Kombination von Vaterfigur und charismatischem Führungstalent verstärkt seine Bedeutung. Neben dem Unglauben des Volkes bewirkt auch die herausragende Stellung des Mose, daß sich das Volk im Ringen um den Weg in der Wüste in die Position von Kindern begibt. Es benimmt sich wie ein Kind! Im Konfliktfall, wie es die Mannageschichte anschaulich zeigt, übernimmt es keine Verantwortung für den Fortgang der Dinge. Es macht von sich aus keine Bemühungen, zur Lösung der unheilvollen Lage beizutragen. Es gibt sich mit der Rolle des „unzufriedenen, nörglerischen Kindes“ zufrieden. Die familienähnliche Leitungsstruktur, die der charismatisch-väterliche Führungstyp hervorbringt, unterstützt das Handeln des Volkes aus der Kindposition heraus. Einem guten Leiter wird es nun darum gehen müssen, das Volk so zu unterstützen, daß es sich zutraut, seinem Leiter auf der Erwachsenenebene zu begegnen.

Übertragung auf die Gemeindewirklichkeit:
1. Wie wird in unserer Gemeinde Leitung wahrgenommen? Von wem? Welche Interessengruppen können unterschieden werden?
2. Verstehen sich Pfarrgemeinderat und Kirchenvorstand als Gremium der Gemeindeleitung, im Sinne der Gesamtverantwortung für das pfarrliche, gemeindliche Leben?
3. Wie wird Leitung koordiniert? Treten die verschiedenen Leitungsorgane, z.B. Pfarrgemeinderat, Hauptamtlichenteam, Kirchenvorstand miteinander in Kontakt?

11.5 „Corporate Identity“ – Woran sind wir zu erkennen? (Ex 19-24)

Die Geschichte des Volkes Israel geht weiter. Obwohl das Land, „wo Milch und Honig fließen“, noch nicht erreicht ist, entwickeln sich schon auf der Wanderung durch die Wüste Gesetze, die das Zusammenleben des Volkes ordnen sollen. Diese Gesetze entstehen aus der Erfahrung der Freiheit. Als freies Volk können sich die Hebräer nun selbst Gesetze geben. Sie sind nicht mehr einer Fremdmacht unterworfen. Sie müssen nicht mehr fremden Überzeugungen dienen. Alle Regelungen, die nun entstehen, erwachsen aus einem neuen Identitätsgefühl. Sie sind nicht mehr nur Reaktionen auf Sachzwänge und Konventionen. Sie sind vielmehr Ausdruck des neu gewonnenen Selbstverständnisses des Volkes als Volk auf dem Weg.
Die entstehenden Gesetze lassen unschwer erkennen, welchem Geist sich die Hebräer verpflichtet fühlen. So heißt es zum Beispiel: „Einen Fremden sollst du nicht ausbeuten. Ihr wißt doch, wie es einem Fremden zumute ist; denn ihr selbst seid in Ägypten Fremde gewesen.“ (23,9)
Hier wird deutlich, auf welchem Erfahrungshintergrund die Hebräer ihre Normen begründen. Die Zeit der Knechtschaft wird nicht verdrängt, sondern als mahnender Erfahrungsschatz ernstgenommen. Weil das Volk um die üblen

Umstände der Fremdherrschaft und Fremdheit weiß, trägt es nun Sorge um die fremden Schwestern und Brüder, die ihm begegnen.
Die Regeln, die entwickelt werden, sind also dazu da, Werte, Überzeugungen und Erfahrungen zu schützen, die sich das Volk in harten Zeiten der Auseinandersetzung erworben hat.
Neben den Zehn Geboten (Kap. 20) entstehen Rechtssammlungen, die den Umgang miteinander regeln (Kap. 21 und 22), das Verhältnis zu den Feinden und die Feier der Feste (Kap. 23) und die Anweisungen geben für den Einzug in Kanaan (Kap. 23).
Der „lose Haufen", der auszog, einer Vision zu folgen, bekommt durch die Gesetzgebung klarere Strukturen. Allgemein verbindliche Normen und Werte geben innere Stabilität. In der Organisationsentwicklung wird dieser Prozeß als Phase der Institutionalisierung beschrieben. Die Gesetze werden zu einer „Magna Charta", die allen zugänglich ist.

Übertragung auf die Gemeindewirklichkeit:
1. Welche Werte gelten in unserer Gemeinde? Was ist wichtig für uns im Umgang miteinander, mit den „Fremden", mit dem Heiligen?
2. Wie werden bei uns Konflikte geregelt?
3. Wie gehen wir mit Randgruppen um?
4. Gibt es so etwas wie eine „Magna Charta" unserer Gemeinde?

12. Wenn Sie Beratung suchen ...

Gemeindeberatung ist ein Dienst für Leitungsteams, Pfarrgemeinderäte, Kirchenvorstände, Gremien und Gruppen auf Gemeinde-, Dekanats- oder auch Bistumsebene. Gemeindeberatung wird angefragt, wenn eine Gruppe Veränderungsbedarf entdeckt.
Das kann dann sein, wenn neue Schwerpunkte gesetzt werden sollen, wenn Konflikte in der Luft liegen, wenn die Organisation, die Arbeitsweise und der Arbeitsstil verbessert werden sollen, wenn sich die Personalsituation ändert...
Die GemeindeberaterInnen kommen von außen, sie sind gewissermaßen neutral, sie sind keiner Seite verpflichtet. Sie behandeln alle Informationen vertraulich. Zusammen mit der Gruppe legen sie Ziel, Inhalt und Dauer einer Beratung fest. Jede Beratung ist freiwillig und zeitlich begrenzt. Die Gemeindeberatung arbeitet in der Regel vor Ort, das heißt, es werden alle die Personen (oder Gruppen) in die Beratung miteinbezogen, die für das Thema relevant sind.

Deutschland

Beratungsstelle für kirchliche Arbeit
Johanneskirchplatz 1
12205 Berlin

Gesellschaft für Gemeindeberatung
und Gemeindeentwicklung in der
Nordelbischen Ev.-Luth. Kirche
Wulfsdorfer Weg 29
22949 Ammersbek

Gemeindeberatung/Organisationsentwicklung in der Ev.-luth.
Landeskirche Hannover
Georgsplatz 17
20099 Hannover

Arbeitsstelle für Mitarbeiterfortbildung und Gemeindeberatung der
Ev.-Luth. Kirche in Oldenburg
Haareneschstr. 58
26121 Oldenburg

Evangelische Kirche im Rheinland
Gemeindeberatung
Rochusstr. 44
40479 Düsseldorf

Gemeindeberatung des Bistums
Limburg
Peter Eisner
Dorotheenstr. 9-11
61348 Bad Homburg

Gemeindeberatung des Bistums
Mainz
Bischöfliches Ordinariat
Diözesanstelle Pfarrverbände
Postfach 1560
55005 Mainz

Evangelischer Gemeindedienst für
Württemberg
Abt. Gemeindeaufbau und -beratung
Gymnasiumstr. 36
70174 Stuttgart

Arbeitsgemeinschaft
Gemeindeberatung in Westfalen
c/o Pfarrer Jens Haase
Auf dem Tummelplatz 2
58239 Schwerte

Ev.-Luth. Gemeindeakademie
Gemeindeberatung
Rummelsberg 19
90592 Schwarzenbruck

Gemeindeberatung der Evang.
Kirche in Hessen und Nassau
Johanna-Melber-Weg 23
60599 Frankfurt

Österreich

Pfarrbegleitung/Gemeindeberatung
der Diözese Linz
Kapuzinerstr. 84
4020 Linz

Schweiz

Arbeitsgemeinschaft für kirchliche Gemeindeberatung

Gesamtschweiz:
Claude Fuchs
Haldenstr. 115
8055 Zürich

Regionalgruppe Zürich:
Gisburg Kottke
Zeltweg 21
8032 Zürich

Regionalgruppe Nord-West
und Zentralschweiz:
Giovanni Hohl
Weingartenstr. 27
4600 Olten

Kantonale Erwachsenenbildung
und Gemeindeaufbau
Klosterstr. 12
5430 Wettingen

Literaturverzeichnis

Die Literatur wird im laufenden Text mit Abkürzungen zitiert, um die Lesbarkeit nicht übermäßig zu stören. Die Abkürzungen sind im Literaturverzeichnis in Klammern gesetzt.

Die Bibeltexte und Verszitate wurden der Einheitsübersetzung der Heiligen Schrift entnommen. (c) Katholische Bibelanstalt Stuttgart 1980

Adam, Ingrid/Schmidt, Eva Renate: Gemeindeberatung. Gelnhausen 1977 (Adam)

Antons, Klaus: Praxis der Gruppendynamik. Göttingen [4]1976 (Antons)

Breuss, Josef: Altes Testament für neue Heiden. Brugg 1990

Breuss, Josef: Der Schatz im Acker, Brugg 1991 (Breuss)

Fox, Matthew: Der große Segen. München 1991

Fuchs, Otmar: Ämter für eine Kirche der Zukunft. Luzern 1993

Gäde, Ernst-Georg/Listing, Thomas: Gruppen erfolgreich leiten. Empfehlungen für die Zusammenarbeit mit Erwachsenen. Mainz [2]1993 (Gäde/Listing)

Gäde, Ernst-Georg/Mennen-Rosche, Claudia: Unterwegs zu Menschen. Ein ökumenisches Werkbuch für Besuchsdienste in den Gemeinden. Mainz 1993

Gärtner, Heribert (Hrsg.): Leiten als Beruf. Impulse für Führungskräfte in kirchlichen Aufgabenfeldern. Mainz 1992 (Gärtner)

Gaudium et Spes. Aus: Rahner, Karl/Herbert Vorgrimmler: Kleines Konzilskompendium. Freiburg 1984 (GS)

Glasl, Friedrich: Konfliktmanagement. Ein Handbuch für Führungskräfte und Berater. Stuttgart [2]1990 (Glasl)

Jede/r ein Sonderfall? Religion in der Schweiz. Hrsg. von Alfred Dubach und Roland Campich. Zürich 1993 (Schweiz)

Kirchenordnung der Evangelischen Kirche in Hessen und Nassau. Darmstadt 1992

Kirchenvorstand, Der. Ein Arbeitsbuch der Evangelischen Kirche von Kurhessen-Waldeck. Kassel 1983

Klessmann, Michael: Ärger und Aggression in der Kirche. Göttingen 1992 (Klessmann)

Knebel, Heinz: Das Vorstellungsgespräch. Freiburg [11]1989 (Knebel)

Lehmann, Rolf: Der Kirchengemeinderat. Studienbrief A 10. Hrsg. Arbeitsgemeinschaft Missionarische Dienste. Stuttgart 1982 (Studienbrief)

Lindner, Herbert: Kirche am Ort. Eine Gemeindetheorie. Stuttgart 1994 (Lindner)

Listing, Thomas: betr: Gruppenleiter.Wiesbaden 1977 (Listing)
Lohfink, Gerhard: Wie hat Jesus Gemeinde gewollt? Freiburg 1984
Lotmar, Paula/Tondeur, Edmond: Führen in sozialen Organisationen. Ein Buch zum Nachdenken und Handeln. Stuttgart [3]1993 (Lotmar)
Lumen Gentium. Aus: Rahner,Karl/Herbert Vorgrimmler: Kleines Konzilskompendium. Freiburg 1984 (LG)
Müller-Schöll, Albrecht/Priepke, Manfred: Sozialmanagement. Neuwied[3]1992 (Müller-Schöll)
Perels, Hans-Ulrich: Wie führe ich eine Kirchengemeinde? Möglichkeiten des Management. Gütersloh 1990 (Perels 1990)
Perels, Hans-Ulrich: Wie führe ich eine Kirchengemeinde? Modelle des Marketing. Gütersloh 1991 (Perels 1991)
Rahner, Karl: Strukturwandel der Kirche als Aufgabe und Chance. Freiburg 1989
Rush, Myron: Management. Der biblische Weg. Asslar [4]1991
Saarinen, Martin F.: The Life Cycle of a Congregation. An Alban Institute Publication. 1986 (Saarinen)
Schall, Traugott U.: Mitarbeiterführung in Kirche und Kirchengemeinde. Würzburg 1991
Schmidt, Eva Renate: Ehrenamtliche Arbeit von Frauen. In: Wege zum Menschen 1/1992, S.18 ff (Schmidt)
Schmidt, Eva Renate/Berg, Hans Georg: Aufhören und Anfangen. Wechselfälle im Alltag einer Gemeinde. Gelnhausen 1983 (Schmidt/Berg)
Schwarz, Peter: Management in Nonprofit-Organisationen. ‚Die Orientierung' Nr. 88. Hrsg. Schweizerische Volksbank. Bern 1986 (Schwarz 1986)
X Schwarz, Peter: Management in Nonprofit Organisationen. Eine Führungs-, Organisations- und Planungslehre für Verbände, Sozialwerke, Vereine, Kirchen, Parteien usw. Stuttgart 1992 (Schwarz 1992)
Steinkamp, Hermann: Sozialpastoral. Freiburg 1991
Stroebe, R.W./Stroebe, G.H.: Grundlagen der Führung. Heidelberg [6]1990 (Stroebe)
Stroebe, R.W./Stroebe, G.H.: Führungsstile. Heidelberg [3]1990
Weidemeier, Elke: Gemeinden zwischen Liebesgebot und Konfliktstrategien Gemeindepädagogisches Handeln im Spannungsfeld von Macht und Ohnmacht. Diplomarbeit. Darmstadt 1994 (Weidemeier)
Weinert, Ansfried: Lehrbuch der Organisationspsychologie. Weinheim [2]1987 (Weinert)
Zulehner, Paul Michael: Das Gottesgerücht. Düsseldorf 1987

Effektives Arbeiten in Gemeinden

Ernst-Georg Gäde / Thomas Listing
Gruppen erfolgreich leiten
Empfehlungen für die Zusammenarbeit mit Erwachsenen
Mit Illustrationen. 3. Auflage. 148 Seiten. Kartoniert

Pfarrer müssen ständig Sitzungen leiten oder ihnen beiwohnen, mit Erwachsenen- und Jugendgruppen Gottesdienste oder Gemeindefeste vorbereiten oder Mitarbeiter begleiten. Hier ist endlich ein Handbuch, das von den scheinbar einfachsten Vorbereitungen, z.B. der Einladung, der Sitzordnung, dem übersichtlichsten Formular für das Protokoll bis hin zur Gruppendynamik eine Fülle von guten Anregungen bringt. Es sollte jedem ein echtes Handbuch werden, das immer bereitliegt, um durch optimales eigenes Verhalten Gruppen zu wirkungsvoller Zusammenarbeit zu verhelfen.

Deutsches Pfarrerblatt

Ernst-Georg Gäde / Claudia Mennen-Rosche
Unterwegs zu Menschen
Ein ökumenisches Werkbuch für Besuchsdienste in den Gemeinden
Mit Illustrationen. 152 Seiten. Kartoniert

Ein echtes Werkbuch für alle, die mit der Gründung oder Begleitung von Besuchsdiensten in der christlichen Gemeinde zu tun haben. Biblische Impulse, theologische Reflexionen, Hilfen aus der Gesprächspsychologie und Empfehlungen zu Organisation und Struktur eines gemeindlichen Besuchsdienstes helfen bei der Gestaltung eines Einführungsseminars und von begleitenden Gruppentreffen. Das Buch will zur Initiierung von Besuchsdiensten Mut machen und sie zugleich als Chance für die Zusammenarbeit der verschiedenen Kirchen in einer Zeit stagnierender Ökumene verstehen.

Bamberger Pastoralblatt

Matthias-Grünewald-Verlag